XIAOBOSHIXUETANG
小博士学堂

成语故事100篇

陶本一 主编

上海辞书出版社

CHENGYUGUSHIYIBAIPIAN

图书在版编目（CIP）数据

成语故事100篇 / 陶本一主编 .—上海：上海辞书出版社，2016. 5
（小博士学堂）
ISBN 978-7-5326-4443-8

Ⅰ . ①成… Ⅱ . ①陶… Ⅲ . ①汉语—成语—故事—少儿读物 Ⅳ . ① H136.3-49

中国版本图书馆 CIP 数据核字 (2015) 第 167492 号

小博士学堂

成 语 故 事 100 篇

陶本一　主　编
撰　　稿 / 姚　雪　责任编辑 / 张玉霞
责任校对 / 蔡亚宜　封面设计 / 萧　柏

上海世纪出版股份有限公司
辞书出版社出版
200040　上海市陕西北路457号　www.cishu.com.cn　021-62472088
上海世纪出版股份有限公司发行中心发行
200001　上海市福建中路193号　www.ewen.co
上海信老印刷厂印刷

开本 720毫米 ×1000毫米 1/16　印张 6.5　字数 51 000
2016年5月第1版　2016年5月第1次印刷

ISBN 978-7-5326-4443-8/I · 273
定价：30.00元

本书如有质量问题，请与印厂质量科联系。T：021-39907745

目录 contents

★一叶障目 …………………… /1
★一鼓作气 …………………… /2
★一箭双雕 …………………… /3
★入木三分 …………………… /4
★八仙过海 …………………… /5
★三令五申 …………………… /6
★下逐客令 …………………… /7
★大义灭亲 …………………… /8
★自毁长城 …………………… /9
★与虎谋皮 …………………… /10
★口蜜腹剑 …………………… /11
★千金市骨 …………………… /12
★亡羊补牢 …………………… /13
★井底之蛙 …………………… /14
★天衣无缝 …………………… /15
★毛遂自荐 …………………… /16
★从善如流 …………………… /17
★为虎作伥 …………………… /18
★未雨绸缪 …………………… /19
★世外桃源 …………………… /20
★打草惊蛇 …………………… /21
★东食西宿 …………………… /22
★东窗事发 …………………… /23
★出尔反尔 …………………… /24
★瓜田李下 …………………… /25
★乐不思蜀 …………………… /26
★乐极生悲 …………………… /27
★对牛弹琴 …………………… /28
★老马识途 …………………… /29
★百花齐放 …………………… /30
★百步穿杨 …………………… /31
★夸父追日 …………………… /32
★同病相怜 …………………… /33
★惊弓之鸟 …………………… /34
★后来居上 …………………… /35
★后起之秀 …………………… /36
★江郎才尽 …………………… /37
★安步当车 …………………… /38
★如火如荼 …………………… /39
★如释重负 …………………… /40
★杞人忧天 …………………… /41
★抛砖引玉 …………………… /42
★围魏救赵 …………………… /43
★囫囵吞枣 …………………… /44
★呕心沥血 …………………… /45
★每况愈下 …………………… /46
★返老还童 …………………… /47
★余音绕梁 …………………… /48

★饮鸩止渴 …… /49
★言过其实 …… /50
★完璧归赵 …… /51
★改弦易辙 …… /52
★鸡鸣狗盗 …… /53
★纸上谈兵 …… /54
★杯弓蛇影 …… /55
★杯水车薪 …… /56
★画龙点睛 …… /57
★招摇过市 …… /58
★势如破竹 …… /59
★明珠暗投 …… /60
★贪小失大 …… /61
★夜郎自大 …… /62
★庖丁解牛 …… /63
★盲人摸象 …… /64
★郑人买履 …… /65
★空中楼阁 …… /66
★孟母择邻 …… /67
★草木皆兵 …… /68
★南辕北辙 …… /69
★柳暗花明 …… /70
★按图索骥 …… /71
★前倨后恭 …… /72
★洛阳纸贵 …… /73
★退避三舍 …… /74
★唇亡齿寒 …… /75
★破釜沉舟 …… /76
★破镜重圆 …… /77
★代人捉刀 …… /78
★胸有成竹 …… /79
★狼狈为奸 …… /80
★高山流水 …… /81
★病入膏肓 …… /82
★家徒四壁 …… /83
★请君入瓮 …… /84
★黄粱美梦 …… /85
★掩耳盗铃 …… /86
★偃旗息鼓 …… /87
★望梅止渴 …… /88
★鸿雁传书 …… /89
★梁上君子 …… /90
★朝三暮四 …… /91
★嗟来之食 …… /92
★道听途说 …… /93
★愚公移山 …… /94
★暗渡陈仓 …… /95
★锦囊妙计 …… /96
★滥竽充数 …… /97
★精卫填海 …… /98
★黔驴技穷 …… /99
★涸辙之鲋 …… /100

一叶障目

古时候，楚国有个只会死读书的穷书生。有一次，他在《淮南子》中读到了这样一段话："螳螂（tángláng）捕蝉时，先用一片树叶把自己的身体掩盖起来，蝉就看不见螳螂了。如果人能得到螳螂身上的那片叶子，也能把身体隐蔽（bì）起来，就谁也看不见他了……"

书生高兴极了，天天站在门口的大树下仰望搜寻，看是否有螳螂。终于有一天，书生发现了某片树叶下正躲着一只螳螂。书生赶紧爬上树去将树叶摘了下来。他从树上下来的时候，叶子从手上掉了下去，和地面上的许多落叶混在一起，再也辨认不出来了。他非常后悔，便干脆将树下的所有落叶都扫了起来，有好几斗之多。

在家里，他耐心地拿起每一片树叶遮住自己，问妻子说："你看得见我吗？"妻子总是回答："看得见。"书生连续好几天都在问同一问题，妻子终于发起火来，冲着他说了一句："看不见！"

书生大喜，立刻拿着这片树叶奔到大街上，靠近卖东西的摊位，一只手用树叶遮住自己的眼睛，一只手去拿人家的东西。谁料一下子就被人家抓住，送进了衙（yá）门。

故事出自三国·魏·邯郸淳《笑林》。"一叶障目"比喻被局部的或暂时的细小事物遮蔽而看不见真实世界。

一鼓作气

公元前684年，齐国出兵攻打鲁国。鲁庄公决定亲自率领军队与齐国决战。当时鲁国的隐士曹刿求见庄公，主动提出为抵抗齐军出谋划策。

鲁庄公和曹刿共乘一辆战车，与齐军在长勺（鲁地名，今山东曲阜北）相遇。摆好阵势，庄公就要击鼓进军，曹刿说：“不行。”这时，齐国军中鼓声大作，齐军人马出动了，但鲁军毫无动静。齐军主帅见此情景，又命令击鼓。直到齐军击了三遍鼓，曹刿才对庄公说：“可以击鼓进兵了。”一时间，鲁军阵中鼓声惊天动地，鲁军将士人人奋勇争先，杀得齐军手忙脚乱，大败而逃。

凯旋（kǎixuán）之后，鲁庄公问起原因。曹刿说：“打仗全靠勇气。一鼓作气（第一遍鼓能够激发勇气），二鼓勇气就要减掉大半，三鼓就谈不上什么勇气了，当敌军勇气已尽的时候，我军却充满了勇气，所以能够打败他们。”

故事出自《左传·庄公十年》。“一鼓作气”原指作战开始时鼓足勇气，后指做事时一开始就鼓起劲头，一下子把事情做好。

一箭双雕

北周的长孙晟（shèng）是著名的神箭手。当时的隋国公、后来的隋文帝杨坚对这个文武双全的年轻人赞赏有加，让他担任军中重要职务。

为与经常骚扰边境的北方游牧民族和谈，长孙晟受命前往突厥。突厥首领摄图被他英武豪迈的气概吸引住了，恳请杨坚把他留在突厥。

有一次，他们在外打猎游玩，忽然头顶上传来阵阵大鸟鸣叫。大家抬头一看，只见两只大雕正扑打成一团。摄图命人拿来两支箭递给长孙晟，说：“长孙将军，听说您的箭法无与伦比，请您用这两支箭把上面的两只大雕射下来吧！”长孙晟只接过一支箭搭在弓上，骑着马转了一小圈，然后站定，“嗖”的一声射了出去。众人的视线跟着箭上去，只见两只大雕同时从天上栽了下来。原来，这一支箭穿过了两只大雕的胸脯！摄图和将士们一齐欢呼起来。

从此以后，摄图更加看重长孙晟，而长孙晟则利用这一机会，获悉了突厥内部许多重要机密。返回北周后，他利用自己掌握的情报，为杨坚平定北方边境立下了汗马功劳。

故事出自《北史·长孙晟传》。后用“一箭双雕”引申指做一件事情达到两个目的。

入木三分

传说东晋大书法家王羲（xī）之七岁就开始跟父亲学写字。十二岁便小有成就，远近闻名。当时，女书法家卫铄（shuò）见到王羲之的字，极为赞赏，当她听说作者只有十二岁时，更是惊讶得合不拢嘴，说：“一个十二岁的孩子写字竟然这么苍劲老练，以后一定是一个了不起的书法家！”

王羲之成年以后，练字更加刻苦了。他勤于学习前辈书法家张芝和钟繇（yóu）的书法艺术，更努力学习他们勤学苦练的精神。他在水池边练字，经常要去水池里洗笔，日久天长，水池里的水都变成黑色的了。

经过很多年的勤学苦练，王羲之终于成了大书法家。有一年，朝廷举行盛大的祭祀（sì）典礼，请王羲之写了一块横匾（biǎn）。后来，有人要拿这块匾去派别的用处，叫工匠把匾上的字抹掉。工匠们又是刮、又是铲，总算把上面的字弄掉了，但他们发现匾上留下的墨迹竟已渗透到木质中去了，一量，竟有三分深度！

故事出自唐·张怀谨《书断·王羲之》。后用“入木三分”形容笔力强劲，也比喻见解、议论深刻。

八仙过海

听说王母娘娘过生日，各路神仙都带上礼品去祝贺。铁拐李、汉钟离、吕洞宾、张果老、蓝采和、韩湘子、曹国舅和何仙姑赶到昆仑仙境，王母娘娘见了非常高兴。

酒宴上，八仙都喝得醉醺（xūn）醺。看看天色不早，他们便告别了王母娘娘，驾着云斗往东海而去。到了东海，八仙见下面波浪滚滚，海涛声声，十分惊险。吕洞宾说：“驾云过海不算本事，咱们要踏浪过海，各显神通。你们说好不好？”于是大家推铁拐李先过海。

铁拐李也不推让，举起手里的紫色拐杖往海中投去。那铁拐杖竟不下沉，像只小船载着铁拐李，劈风斩浪渡到了对岸。

汉钟离把拂尘投进东海。拂尘载着汉钟离，轻悠悠地飘过东海。张果老从身上取出一张纸，折成一只纸驴。张果老倒骑在驴身上，颠儿颠儿地走过去了。到了对岸，他又把纸驴折叠起来藏进怀里。

接着，吕洞宾用箫管、韩湘子用花篮、何仙姑用竹罩、蓝采和用竹板、曹国舅用玉版当作渡船，一个个顺顺当当地过了东海。这就是传说中的“八仙过海，各显神通”。

故事出自《东游记》。后用“八仙过海”比喻解决问题各有各的办法。

三令五申

春秋时期，有个杰出的军事家叫孙武。吴国国王请他到吴国来，说："您能不能按照兵书上讲的道理，让后宫女子实际操演一番？"孙武点头答应。

吴王点了一百八十名宫女交给孙武指挥。孙武把她们分为两队，分别由吴王最宠爱的两个妃子担任领队。训练之前，孙武严肃地说："你们必须完全听从我的号令，每一步都不能出错！"但在实际演练时，宫女们根本不听号令，反而像在做游戏一样嘻嘻哈哈。孙武耐着性子又把所有要领和规矩重新说了一遍。可宫女们仍旧不听。这下子可把孙武惹火了，他大声喝道："号令不明，是主将的过错，号令明而不行，是领队的罪责！"便下令将那两个担任队长的妃子拉下去斩首示众。

吴王急忙求情。孙武说："既然大王委任我当指挥，我就有权处置一切违反军纪的人。如果士兵可以不听将帅的三令五申，又怎能保证军队在战场上不打败仗呢？"吴王只好看着两个宠爱的妃子被推出去斩首。后来，孙武另选两名领队，重新发号施令，队伍再也没有出现差错。

故事出自《史记·孙子吴起列传》。后用"三令五申"表示多次命令、告诫的意思。

下逐客令

战国时候，韩国打不过秦国，便派遣一名叫郑国的间谍去秦国。郑国是一位水利专家，他劝说秦王在境内开凿一条长三百多里的灌溉渠。韩国的目的，自然是通过大规模的水利建设来消耗秦国的实力。后来阴谋暴露，引发了秦国的宗室大臣对“外来间谍”的担忧。他们主张驱逐所有外国人，秦王因此下了逐客令。

楚国人李斯也在秦国当官，当然也要被赶回去。他觉得这样做毫无道理，便一面动身，一面给秦王上书。书中说：前代秦穆公重用的百里奚、蹇（jiǎn）叔，秦孝公重用的商鞅（yāng），秦惠王重用的张仪，秦昭王重用的范雎等，都不是秦国人，却辅佐一代代秦王富国强兵。宫中的珍宝名马美女音乐也不是秦国的，但大家都喜欢。为什么选用人才时，却一定要用秦国的呢？如果拒绝接纳别国之人，那不等于促成诸侯的功业，供给敌人兵器与粮食吗？这样，要想使秦国平安无事，也就无法办到了。

这就是后来流传千古的《谏逐客书》。秦王看了之后，立即撤销了逐客令，并追回李斯，恢复他的官职。李斯后来辅佐秦王统一了中国。

故事出自《史记·李斯列传》。后用“下逐客令”泛指赶走客人。

大义灭亲

石碏（què）是春秋时卫国的大夫，为人耿直，体恤百姓疾苦。

有一年，卫庄公的三儿子州吁在石碏儿子石厚的帮助下，杀掉自己的哥哥篡（cuàn）夺了王位。但州吁横行霸道，残忍暴戾。石厚说："不如请我的父亲、老臣石碏辅佐朝政，这样可以平息国人的愤怒。"但石碏早就恨透了州吁与石厚，他觉得复仇的机会来了，便对州吁说："诸侯接位，只要周天子许可，众人不能不服。要使周天子点头，还得请陈国的国君去说情。"

州吁非常高兴，赶紧与石厚带上厚礼来到陈国。陈桓公和大夫子鍼（zhēn）令人将二人抓了起来。子鍼取出石碏的密信，信上说："卫国民不聊生，都是这两个人害的。我老了，力不从心，请你们将这两个人处死。"

陈桓公考虑到石厚是石碏的亲骨肉，打算从轻处理。消息传到卫国，石碏大怒："州吁的罪孽全是我这逆子怂恿（sǒngyǒng）造成的，不杀不足以平民愤。我纵有爱子之心，又岂能顾私情而忘大义！"于是，州吁和石厚得到了应有的下场。石碏大义灭亲的行为也赢得了天下人的赞扬。

故事出自《左传·隐公四年》。后用"大义灭亲"指为了维护国家和人民的利益，对犯罪的亲人不徇私情，使其受到应得的惩罚。

自毁长城

南北朝时期，南朝宋国大将檀道济南征北战，立下赫赫战功。他的心腹将领和儿子们也非常优秀。这让宋文帝刘义隆和朝中大臣又怀疑又害怕："将来他要是造反，谁又能弹压得住呢？"

后来，宋文帝病重了，便将檀道济召回京城。檀道济的妻子说："功高盖主，从来就是很忌讳的事情。现在朝中没什么特别的事情却把你召回来，恐怕是大祸临头了。"但皇命难违，檀道济还是赶回京城，到了第二年春天，宋文帝才决定放檀道济走。檀道济来到秦淮河边，上了船正要离开。岸上驰来几匹快马，口称宋文帝有旨，要檀道济回去参加朝廷为他送行的宴会。原来檀道济走后，宋文帝又突然发病。朝臣们于是假传圣旨将檀道济骗回来，以谋反的罪名关进大牢。檀道济发觉上当后，愤怒地说："你们竟然毁坏你们自己的万里长城！"不久，檀道济连同儿子和心腹将领等一并遇难。

后来，北魏军队攻占瓜步（今南京市六合区），兵锋直指宋国都城。宋文帝后悔地说："檀道济在的话，怎么会落到这种地步！"

故事出自《南史·檀道济传》。后用"万里长城"比喻国家所依赖的大将。今天常用来比喻人民军队。

与虎谋皮

周朝时，有个人特别喜欢裘（qiú）皮大衣，也特别喜欢羊肉的美味。但是，他既买不起裘皮大衣，吃不上美味的羊肉，也没有人送给他这些东西。所以，他整天琢（zhuó）磨着如何实现自己的梦想。终于有一天，他琢磨出个办法来了。

这天，天气晴朗，狐狸们都钻出山洞晒太阳。他立即拿出一些准备好的食物，冲上去对领头的狐狸说：“你们饿了吧？”狐狸正要到处觅食，忽然见有人送上食物，于是伸手要拿。这时，周人说：“要吃东西不难，我跟您商量个事情。我非常喜欢穿裘皮大衣，您只要送给我十张狐皮做件大衣，这些东西就是您的了！”领头的狐狸一听，率领群狐夺下食物，一溜烟就跑了。

又有一天，他在山坡上发现了一群野羊正在吃草，于是又冲上去说：“不能吃，这些草是我的！”群羊一下子静止下来。周人又说：“不过吃也没关系，你们得给我一只羊。”那些羊一听，赶紧四散逃入森林深处去了。

就这样，周人十年也没有做成裘皮大衣，五年也没抓到一只羊，吃上羊肉。

故事出自《太平御览》引《符子》。“与虎谋皮”和“与狐谋皮”同义，比喻与恶人商量,要他放弃自己的利益根本办不到。

口蜜腹剑

唐代的李林甫是出名的大奸臣，但因为善于溜须拍马，所以深受唐玄宗宠爱，被提升为宰相。

有一次，唐玄宗偶然想起以前的中书侍郎严挺之忠心耿耿，就跟李林甫商量将他从贬谪（zhé）地召回重用。李林甫一面假惺（xīng）惺地夸奖严挺之的才干，一面打起鬼主意来。他先把严挺之的弟弟严损之找来，装做关心的样子，说皇上降恩，请严损之把哥哥接到京城来治病。另一边却马上向玄宗奏报，说严挺之年老力衰（shuāi），无法胜任朝廷重职。玄宗只好打消了重新起用严挺之的念头。

左丞相李适之办事能干，深受玄宗器重。李林甫恨之入骨，但丝毫没有表露出来。他先怂恿李适之去华山开矿，回头又向玄宗打小报告说："华山是大唐基业的象征，李适之擅(shàn)自去那里开矿，惊动王家之气，岂不是不把陛下放在眼里吗？"玄宗一听，马上把李适之找来大骂一通，从此再也不重用他了。

李林甫的妒贤忌能，使得许许多多有才学的人无法在朝廷立足。当时民间称李林甫为"口有蜜，腹有剑"。

故事出自《资治通鉴·唐玄宗天宝元年》。后用"口蜜腹剑"形容人满口好话，心地却十分阴险狠毒。

千金市骨

古代有个国王，非常想要一匹千里马。他贴出告示："凡是能送来一匹真正的千里马，国王愿意赏给他千两黄金。"然而，三年过去了，一匹千里马也没有得到，国王感到非常无奈，又十分渴望千里马，以至于日不能食，夜不能寐（mèi）。

有一天，身边的侍臣对国王说："我愿意出去帮您寻找千里马，请给我三个月的时间。"国王大喜过望，就叫他立即动身去了。好不容易熬过了三个月，国王朝思暮想，终于盼回了那个侍臣。侍臣说："我已经找到了千里马，但是赶过去的时候，那马已经死了。没办法，我花费了五百金买回了千里马的骨架。"

国王一听，勃然大怒，说："我要的是活的千里马，你拿回来马的骨架又有什么用处呢？还白白浪费了 我五百金。"

侍臣说："国王请息怒。您想想看，连死去的千里马的骨架，您都愿意花五百金去买回来，何况活的千里马？天下人知道这件事情以后，一定会明白国王您的真情实意、良苦用心，那活的千里马也就自然而然地可以得到了！"

果然，不到一年，那位国君就得到了好几匹千里马。

故事出自《战国策·燕策一》。后用"千金市骨"比喻十分诚恳地寻求贤才。

亡羊补牢

战国时期，楚国的楚襄王非常宠爱身边的鄢（yān）陵君、寿陵君等几个人，把国事都交给他们处理。但这几个人只有阿谀奉承的本事，根本不会治理国家。老臣庄辛看不下去了，就劝谏楚襄王说："如果再这样下去，楚国迟早会灭亡的。"楚襄王听了非常生气，冷笑着说："哼，你说的太可怕了，"庄辛见进言无效，便率领族人悄悄躲到赵国避难去了。

没过几个月，秦国军队进攻楚国，楚国很快就被打败，楚襄王流亡在外，才想起老臣庄辛的话来，便连忙派人将庄辛请了回来。

楚襄王一见到庄辛，就很惭愧地说："我以前没有好好听您的劝告，所以才有了今天的下场。现在怎么收拾局面呢？您一定要帮我！"庄辛说："俗话说：'看见兔子，再放出猎犬去追，不算晚；丢失了羊，再把羊圈修好，不算迟。'只要大王改过自新，重新振作起来，发愤图强，楚国仍然是可以复兴的！"

楚襄王采纳了庄辛的许多治国安邦的谋略，很快就收复了被秦军侵占的土地，楚国又强盛起来了。

故事出自《战国策·楚策四》。后用"亡羊补牢"比喻在受到损失之后，只要及时补救，还是来得及的。

井底之蛙

住在浅井里的青蛙成天蹦蹦跳跳地很快乐，它觉得这小小的天地实在太美妙了。

一天，井蛙对生活在东海里的鳖（biē）说：“我真舒服啊！你看，我一蹦，就到地面上了；‘嗖’地一下，我又钻到井里。要想休息，井底的泥刚没了我的脚，浅浅的井水又淹不住我的头。这儿全是我的自由天地，真是太舒服了。”说着，它又盛情邀请海鳖：“您和我一块儿来享受快乐吧。”

东海的大鳖听了井蛙一番饶有趣味的介绍，慢慢地爬了过来。谁知，它的左脚还没迈进井里，右腿就被井口卡住了。如果它两腿都伸进井口，它那庞大的身体只能架在井沿上。唉，那井实在太小了！于是，海鳖小心翼翼地退离了井台，并把大海辽阔的景象告诉了井蛙：“大海的广阔，用千里之远来比喻都不够；大海的深远，用八百丈那么高来形容还欠缺。无论是天下大雨，还是连续干旱，海面还是那么大，海水依然那么深。生活在海里面，那才真是妙不可言呐！”

青蛙听了海鳖的介绍，再看看那一望无际的大海，非常地惊讶，好像失了神，再也说不出什么话了。

故事出自《庄子·秋水》。后用“井底之蛙”比喻见识短浅的人。

天衣无缝

从前有个壮汉叫郭翰，有一天，他躺在院子里乘凉。忽然眼前一亮，一位长得异常美丽的仙女含笑站在他的面前。

郭翰赶紧起身施礼，问道：“小姐，您是谁？从哪里来？”

仙女说：“我是织女，我从天上来。”

郭翰说：“你从天上来？能谈一谈天上的事情吗？”

仙女说：“天上什么都好啊，四季如春，百鸟和鸣。没有疾病，没有赋（fù）税，也没有战争。总之，人间的一切苦难天上都没有。”

郭翰说：“你口口声声说你从天上来，可以用什么证明呢？谁知道你是不是撒谎呢？”仙女让郭翰看她的衣服。郭翰细细打量，只见衣裙格外精致，上面既没有针脚，也没有一丝儿线缝：“嗯？你的衣服竟然没有线缝！”

织女笑笑说：“这是天衣。天衣无缝啊，人间是做不出来的。”说罢，她驾着云头又飞上天去了。

故事出自前蜀·牛峤《灵怪录·郭翰》。后用“天衣无缝”比喻事物完美自然，没有破绽。

毛遂自荐

战国时候，秦军包围了赵国国都邯郸。赵王赶紧派平原君到楚国去搬救兵。平原君决定从自己的门客中选二十名文武双全的人一同前往，可选来选去，只得到十九人。这时，毛遂主动站出来要求一起去。平原君说："一把锥（zhuī）子放在布袋里，锥子尖会立即露出来。先生来我门下数年，却从未听人说起您的才干啊。"毛遂说："我今天就是请您把我放进布袋中去，如果早就处在布袋中，露出来的恐怕就不是锥子尖，而是整个锥子头了！"平原君想了想，终于同意毛遂一齐去。

到了楚国，平原君与楚王谈了很长时间还是没有结果。毛遂手按宝剑，快步走到堂上说："出兵的事，利害关系非常清楚，怎么还没解决呢？"楚王见突然上来个人，问过平原君才知道仅仅是个门客，便叱（chì）责道："下去！我跟你主人说话，你算是干什么的！"毛遂丝毫没有退缩，反而向前几步，说："如今大王在我十步之内，性命已经在我的掌握之中。现在我的主人都没有斥责我，大王为什么这样呢？"楚王慑于他的气势，只好让他讲下去。毛遂陈述了出兵援赵的好处，说得楚王心悦诚服。

于是赵、楚两国订盟。楚国出兵救赵。

故事出自《史记·平原君虞卿列传》。后用"毛遂自荐"指自告奋勇、自我推荐。

从善如流

春秋时候，郑国因为依附于晋国而受到楚国的攻击。晋国派遣栾（luán）武子出兵相救。楚国因为没有十足的胜算，便主动撤军。晋国顺势就攻打依附楚国的蔡国。楚国见状，立即派出两支大军营救蔡国。这时，晋国将领赵同等都建议栾武子与楚国痛痛快快打一仗。栾武子略加考虑，便同意了。

知庄子、范文子、韩献子得知这一消息，便劝谏说："这仗不能打。我们本来的目的是救郑国，目标已经达成。我们顺势攻打蔡国，已经很过分了。现在再与楚军打仗，即便最后赢了，也不是什么光彩的事情。打败了反而要蒙受耻辱。两相权衡，还是回去的好。"栾武子听了，感到很有道理，便下令撤军。

但是，晋军中主战的人很多，有人对栾武子进言说："现在多数人主战，您应该顺从多数人的意见。"栾武子说："只有善的，能够趋吉避凶的主张，才能代表众人的利益。现在三位大臣的主张，可以说是代表了众人的利益，依从他们，不也是应该的吗？"

人们称赞栾武子"从善如流"即听从正确的意见像流水从高处流向低处那样迅速。

故事出自《左传·成公六年》和《左传·成公八年》。后用"从善如流"表示乐于接受别人的正确意见。

为虎作伥

唐代有个叫马拯（zhěng）的人。有一天，他带着书僮进了一座寺庙。庙里的老和尚说要去准备斋饭给他们吃，还请书僮帮忙。但老和尚和书僮久久没有回来，有个秀才却慌慌张张地跑了进来。秀才说他叫马沼，刚才上山时，看见一只老虎吃掉了一个书僮，吃完后摇身一变变成了一个老和尚。这时老和尚推门进来了。马拯仔细观察，发现老和尚的嘴边还有一些血迹，就问他的书僮哪里去了，老和尚推说不知道。他给马拯和马沼安排床铺，请二人在寺院过夜。半夜里一阵虎叫惊醒了二人，只见一只大老虎正在撞门，幸亏门上了锁，虎才没进来。

两人现在确认老和尚是老虎精了，便在第二天把老和尚骗到井边推了下去。一落水，老和尚就变成了一只老虎，马拯和马沼搬来几块大石头扔下井去，把老虎砸死了。

马拯和马沼匆忙逃出寺院，天快黑了，便到一个猎人家投宿。晚上，三人被一阵吵吵嚷嚷的声音惊醒，只见一大群人边走边说："白天那两个人杀了我们的将军，我们一定要找他们算账！"猎人说："这些都是伥（chāng）鬼，是被老虎吃掉的人，可是他们的鬼魂却在帮老虎助威呢！"

故事出自唐·裴铏（xǐng）《传奇·马拯》。后用"为虎作伥"比喻为坏人做帮凶。

未雨绸缪

周武王建立了西周王朝，把有功之臣都分封到各地去做了诸侯，连商纣王的儿子武庚也分在商朝旧都朝歌当诸侯，周武王身边只留下最信任的弟弟周公和几个大臣。不久，周武王病重，而天下局势尚不稳定，武庚也在一直等待机会复辟。周公和大臣们因此忧心忡忡。

周武王还是去世了，周成王即位。但成王太小，周公便代理执政。这引起了武王另外三个弟弟的妒忌。武庚也煽风点火，挑拨他们之间的矛盾。周公无法，只好迁居洛邑。后来，武庚等人果然叛乱，周公复出，平定叛乱，并写了一首诗派人送给成王看。诗中写道："鸱鸮（chīxiāo）鸟啊，你夺走了我的孩子，不要再毁我的窝了。我要未雨绸缪（chóumóu），趁天上还没下雨，用桑根把窝棚的门窗修补好。我的两手发麻，羽毛落尽，可我的窝还在风雨中飘摇！"周公在诗中以一只鸟的口气表达了对国家前途的担心，但年轻无知的成王无动于衷。

过了很久，成王才真正懂得了周公的心。从此，成王在周公的辅佐下，励精图治使西周王朝出现了振兴的局面。

故事出自《诗经·豳风·鸱鸮》。绸缪：缠缚，修补。后用"未雨绸缪"比喻事先做好准备。

世外桃源

相传，西晋太元年间，武陵郡（今湖南常德）有个渔夫乘着船沿溪水行走，发现了一片茂密的桃花林。穿过桃花林，前面有座山，山上有个洞，洞里隐隐约约能见到光亮。渔夫便怀着好奇的心思往洞里去，刚开始很狭窄，走了几十步之后，眼前豁（huò）然开朗：只见里面土地肥沃平坦，房舍高大整齐，田间小路互相交叉连通，不时还可听到鸡鸣声和狗叫声。老人和孩子都是一副舒适快乐的模样。

渔夫问起他们的来历，他们说：“我们的祖先在秦朝为了避免战争的祸害，就与乡邻们一起带着妻子儿女来到这与世隔绝的地方。这里环境好，人们互相友爱，所以也就不想离开了。至今已不知过了多少年，也不知外边是否换了朝代。”渔夫便从秦末战争讲起，一直讲到当代，那些人都惊讶不已。他们感慨地说：“幸亏我们生活在这里，否则经历这么多战争，还不知是怎样的境况呢！”过了几天，渔夫告辞回去。人们对他说：“请不要把这里的情况对外人说。”

渔夫顺着原来的路回去，一路上还做了很多标记。他又将情况报告了太守，太守派人跟着原来的标记去找，却再也没有找到。

故事出自晋·陶渊明《桃花源记》。后用“世外桃源”比喻理想中生活安乐的地方，或与外界隔绝、脱离现实的幻想境界。

打草惊蛇

南唐时候，安徽当涂县有个县令叫王鲁。这个人贪得无厌，见钱眼开，只要有钱，他就可以不顾是非黑白，胡乱判案。上梁不正下梁歪，他的手下也个个营私舞弊。当地的老百姓恨之入骨，苦不堪言。

一次，朝廷派员下来巡查，当地老百姓便联名写了状子，控告县衙小吏们种种贪污受贿的不法行为。状子首先被递送到县令王鲁手里。他细细地从头看到尾，只觉得心惊肉跳。因为老百姓在状子上控告的几百桩犯罪事实，要么是自己直接指使，要么和自己有些瓜葛牵连。这份状子虽然只是控告衙门里的小吏，但王鲁觉得就是在控告自己一样。

他越想越害怕，用颤抖的手在状纸上写下了感受：“汝虽打草，吾已惊蛇。”意思是，你们虽然是像扰动草丛一样控告我的下属，但我已经像草丛里的蛇一样受了惊吓。写罢，他手一松，瘫坐在椅子上，笔也掉到地上去了。

故事出自宋·郑文宝《南唐近事》。“打草惊蛇”原意为对甲的惩罚就是对乙的警告，后来引申为因行动不当而使对方有了防备。

东食西宿

古时候，齐国有一位女子长得很漂亮，并且已经到了出嫁年龄。

有一天，一位媒人找上门来，推荐东家的儿子说："他们家，要多有钱就多有钱，你的女儿嫁过去啊，整天躺着都会有吃有喝，终身享福。"过了不久，另有一位媒人找上门来推荐西家的儿子说："西家的儿子相貌堂堂，满腹经纶。现在家境是不怎么样，但是凭借学问做个官还不是轻而易举的事情么？"

夫妻俩问女儿："你觉得哪个更好一些呢？或者两个都不行，另外再找？"女儿听了，扭扭捏捏就是不说话。母亲说："没关系，你要嫁东家儿子呢就袒（tǎn）露左臂，要嫁西家儿子呢就袒露右臂。"

女儿犹豫了一下，露出了左臂。"哦，女儿是想跟东家的儿子……"母亲若有所思地说。可是女儿又露出了右臂。夫妻俩一齐愣住了。女儿不慌不忙地说："父母大人，女儿想在东家吃饭，在西家住宿。"

故事出自《艺文类聚》卷四十引汉·应劭《风俗通·两袒》。后用"东食西宿"比喻贪利之人企图两边得好处。

东窗事发

南宋时，秦桧以莫须有的罪名将岳飞投入监狱，但始终对是否要杀害他犹豫不决，害怕这样会激起民愤。一天，秦桧又在相府书房内为此烦恼，他的妻子王氏进来了，明白他又在为岳飞的事伤脑筋，便拿笔写下：“纵虎易，擒虎难。”秦桧看了，点了点头：“事到如今，只能不顾一切地将岳飞杀了！”

岳飞遇害后，秦桧去西湖游玩，忽然狂风大作，波浪滔天，一人披头散发从天而降，大声斥责他说：“你误国误民，我已禀告上天，现在来要你的命。”秦桧吓得当即昏死过去。回家后没多久就丧了命。不久他的儿子秦熺（xī）也死了。

王氏请来道士为秦桧、秦熺超度。闹哄哄中，一个道士忽然觉得自己飘飘荡荡离开了相府。只见前面来了一个带着铁枷的囚犯。道士仔细一看，正是秦熺。道士吃了一惊，忙问：“太师（指秦桧）在哪里？”秦熺说：“在酆（fēng）都（传说中的阴曹地府）。”道士依着秦熺所指的方向继续往前走，来到一个地方，只见秦桧与万俟(mòqí) 卨（xiè）（秦桧陷害岳飞的主要帮凶）都戴着铁枷，备受各种痛苦。秦桧看到了道士，哭丧着脸说：“请回去告诉夫人，东窗事发了。”

故事出自明·田汝成《西湖游览志馀》。后用“东窗事发”比喻阴谋暴露。

出尔反尔

战国时，鲁国和邹国打仗，邹国战败，死在战争中的官员有三十几个，而老百姓没什么伤亡。邹穆公非常恼火，对来访的孟子说："这些刁民真是可恨，看着国家的官员被杀，竟没有人上去营救。您说我要怎么办才好呢？"

孟子回答说："过去年成不好的时候，贵国的老百姓辗（zhǎn）转乞讨，背井离乡。而那个时候，您的国库之中，粮食充足，钱财很多，但您的官员们一点也不体恤民间疾苦，反而想尽办法搜刮钱财，残害百姓。这样的官员，您还指望百姓在危难的时候为之拼命吗？"

孟子又说："孔子的弟子曾子曾经说过：'戒之戒之！出乎尔者，反乎尔者也（当心啊，当心啊，你怎样对待别人，别人也会怎样对待你）！'这次战争就是老百姓报复他们的时候了！我想，如果国君您推行仁政，官员们处处为老百姓着想，那么，老百姓就会亲近他们的官员，肯在战场上为他们拼命了！"邹穆公听了，哑口无言。

故事出自《孟子·梁惠王下》。后来人们把"出乎尔者，反乎尔者也"简括为"出尔反尔"，并且改变了原来的意思，用来指某些人说话办事前后矛盾，不讲信用。

瓜田李下

有个秀才出门访友，路过一片瓜田。那西瓜绿油油的，个儿又大又圆，很叫人眼馋。秀才一不留神，鞋子被瓜藤绊掉了。他正要去捡，却迟疑了一下，赶紧光脚离开了。过了瓜田，前面是一大片李子园，那嫩黄嫩黄的李子非常可爱。秀才小心翼翼地走着，忽然草丛中窜出一只田鼠把他吓得跳了起来，头上的帽子也被树枝撞歪了。秀才正要去扶正，却又迟疑了一下，把手放下，衣冠不整地离开了。

到了朋友家，朋友见到他非常狼狈的样子，非常惊讶。于是，秀才就将路上的事讲了一遍。朋友说："明明是你的鞋子你怎么不拿回来啊？"秀才连连摆手说："万万不可。我路过正熟的瓜田，说要去捡鞋而不是偷瓜，别人能信吗？在李子树下，要扶正帽子而不是去摘李子，别人能信吗？只要有了这样的动作，就说也说不清了。"

《乐府诗集·相和歌辞七·君子行》中有两句诗是："瓜田不纳履，李下不整冠。"履（lǚ）：鞋子，冠：帽子，后用"瓜田李下"比喻容易引起人怀疑的不利处境。

乐不思蜀

蜀国灭亡后，后主刘禅（shàn）被魏王封为安乐公，在魏国都城洛阳居住。

有一天，魏国权臣司马昭设宴款待刘禅，特意安排艺人们表演了蜀地的歌舞。蜀国的旧臣们都禁不住潸（shān）然泪下，只有刘禅一个人手舞足蹈，连连叫好。连司马昭都看不下去了，对旁边人说："一个人居然无情到了这种地步！即使诸葛亮在世，也不能保全他们蜀国啊！"

过了几天，司马昭问刘禅说："您很想念蜀地吧？"刘禅说："我在这里过得很好啊，根本不会想念蜀地了！"这事儿传到蜀国老臣郤（xì）正的耳朵里，郤正连忙告诉刘禅说："您应该哭泣着说：'祖先的坟墓都在远方的蜀地，我心中十分悲伤，无日不在思念。'"刘禅听了，赶紧说"好"。

又过了几天，司马昭果然又问刘禅是否想念蜀地，刘禅便按照郤正教的那样回答。司马昭笑着说："咦？怎么你说的和郤正说的一模一样呢？是不是他叫你这么说的啊？"刘禅吃惊地睁大眼睛，看着司马昭说："正像您所说的那样啊！"司马昭见刘禅是个糊涂虫，也就不想杀害他了。刘禅得以稀里糊涂地活到老死。

故事出自《三国志·蜀书·后主传》裴松之注引《汉晋春秋》。后用"乐不思蜀"比喻乐而忘返或乐而忘本。

乐极生悲

齐威王刚刚即位的时候，沉湎于酒色，不理国事，以至于朝政荒废，国力衰弱。楚国趁机出兵攻打，幸亏淳于髡（kūn）大夫去向赵国求救，搬来十万精兵，才吓退楚军。

为此，齐威王在宫中设宴款待淳于髡，问："先生喝多少酒才会醉倒呢？"淳于髡回答说："我喝一斗酒也会醉，喝十斗酒也会醉。"威王感到非常疑惑。

淳于髡说："这酒看跟谁一起喝。如果大王当面赏我酒喝，我心惊胆战，喝不过一斗就醉了。如果父亲有贵客，我端着酒杯不时敬酒，那时候喝上二斗左右就醉了。假如和多年未曾谋面的朋友一起喝酒，边喝边谈，可以喝上五六斗的样子。假如是乡里聚会，我打心眼里高兴，大概喝上八斗酒也只二三分醉意。太阳落山了，主人留下我而送走别的客人。在这个时候我最快乐，能喝下一石酒。"

淳于髡接着说："所以古人有云：'酒极则乱，乐极则悲。'做任何事情都要有个分寸啊！"齐威王终于明白淳于髡叫自己不要酗酒的良苦用心。从此他痛改前非，奋发图强，使齐国成为战国时期的强国。

故事出自《史记·滑稽列传》。后用"乐极生悲"比喻高兴过了头，反会招来悲伤的事情。

对牛弹琴

从前，有个著名的音乐家名叫公明仪，他弹琴之时，大家都会随着琴声心潮澎湃（péngpài），陶醉其中。一曲终了，人们才如梦初醒，拼命鼓掌。公明仪对此很是得意。

有一天，公明仪带着琴在田野中散步。只见几头牛在悠闲地吃着草。公明仪见此情此景，顿时来了灵感，特别想弹琴，但是旁边又没有观众。他想了想，便走到牛的身旁，摆好琴弹起来，心想：我的琴声这么好听，牛应该也会被琴声打动吧。

他先选择了一支高雅的名曲。宛转悠扬的琴声，随着清风远远飘去。公明仪这时眼睛微微闭合着，全然陶醉在自己的乐声中。一曲终了，只见牛儿还是在默默地吃草，丝毫没有"知音"的样子。于是，公明仪又选择了一首通俗的乐曲，兴致勃勃地弹奏起来。那琴声欢快明了，曾为他在集市上赢得了很多掌声。公明仪眯着眼睛，怡然自得。等到一曲终了，他睁开眼睛一看，草地上只剩下牛啃过的痕迹，牛儿早就吃饱，不知道跑到哪里去了。

公明仪有点沮丧。他如此热情地"对牛弹琴"，结果是白费心思！

故事出自汉·牟融《理惑论》。后用"对牛弹琴"讽喻讲话不看对象，白费口舌。

老马识途

有一年春天，齐桓公出兵攻打孤竹国，管仲作为相国跟随前往。整个战争打了近一年时间，军队开出来的时候还是春暖花开，杨柳依依；回去的时候已经是寒冬腊月，大雪纷飞了。齐国士兵因为劳师远征，个个疲惫（bèi）不堪。

更麻烦的是，他们找不到回家的路了。原来，春天他们出来的时候，沿路做了标记，现在大雪，将全部标记都覆盖掉，找也找不到了。何况路上可供参考的风景，也早已改变了模样。

这时，随军的管仲想出了好主意。他派人将几匹老马的缰绳、笼头等都去掉，让老马在原野上自由行走。将领们都很不解地问道："你怎么能把马放走呢？"管仲说："那我们就追着那几匹马走好了。"于是，军队列好队伍，跟着老马东奔西跑，几天之后，果然找到了通往齐国的大路。

将领们都向管仲表示感谢，并请教原因。管仲说："俗话说，'老马之智可用也。'是老马把我们从困境中解救出来的！"

故事出自《韩非子·说林上》。"老马识途"原意为老马认得走过的熟路。后比喻有经验的人做事有把握。

百花齐放

一年冬天，隋炀（yáng）帝杨广同萧皇后并众多妃子在御花园中饮酒作乐。玩着玩着，隋炀帝感叹起来说：“一年四季的风光，春天是最美丽的，百花盛开，姹紫嫣红。夏天也好，有荷花满池，清风袭人。秋天呢，有丹桂飘香，风景不错。唯有这冬天，到处都是光秃秃的，一点意思也没有。”听了这话，清修院的秦夫人站出来说：“陛下不要叹气。妾等今夜向天宫祈祷，明早定让这御花园百花齐放。”

一夜过后，隋炀帝已经忘记此事，经萧皇后和秦夫人等再三邀请才走进御花园。只见处处花团锦簇（cù），万紫千红，美不胜收。隋炀帝大吃一惊，忍不住问道：“这么冷，花木怎会一夜之间如此茂盛？”秦夫人盈盈笑道：“陛下不必细问，但请摘下一两朵瞧瞧就好了。”

隋炀帝走到一株垂丝海棠边，攀枝细看，原来那花是用五色彩缎细细剪成，拴在枝上的，只见杨柳低垂，梅花、菊花、桃花、李花、芍药、牡丹、桂花、荷花、杜鹃、芙蓉、兰花、海棠……竞相开放，一年四季的花都齐了，比真的花还要鲜艳百倍。

故事出自清·褚人获《隋唐演义》。现在人们常用“百花齐放”比喻文艺界或社会上的繁荣景象。

百步穿杨

春秋时代，楚国的养由基是个神箭手。

一天，他正走在路上，忽然听到前面传来阵阵欢呼声。他上前一看，只见一个身材高大的汉子正在展现自己射箭的本领。那汉子让人将一片柳树叶涂成红色，然后退至五十步外，用力拉弓，放箭，只听嗖的一声，正好把那片红色叶子射中！汉子得意地拍着胸脯说："我就是神箭手，有谁愿意来比试比试吗？"

养由基一步跨入场内，朗声说道："我看五十步还是近了些，我就站在一百步开外试一试。"话音刚落，只见一道白光飞驰而去，果然将百步外的叶子射落在地。围观的人群中爆发出更热烈的掌声和欢呼声。那汉子有点急了，但还是用嘲讽的口气说："哼，这才一箭，也就是瞎猫碰上死耗子罢了，算不得真本事！"养由基看了看汉子，慢条斯理地说："我也觉得射一箭不是很过瘾（yǐn）。这样，你把你箭筒里面的箭都给我。"

汉子递过箭筒。养由基拈弓搭箭，凝神屏（bǐng）息，一口气连射了一百箭，箭箭都射在杨柳树叶上！从此，养由基"百步穿杨"的威名传遍楚国。

故事出自《史记·周本纪》。后用"百步穿杨"形容箭术高超，箭无虚发。

夸父追日

相传，很久很久以前，有个叫夸父的勇士，身材高大魁梧，力大无穷。在夸父看来，这世界上就没有他不能办的事情。

有一天，他心血来潮，想要和太阳比试比试。于是，他拿起手杖，朝太阳快步追赶过去。他翻山越岭，涉水过河，跑了一程又一程，刚打算休息，抬头看看，太阳还是离得很远很远，于是他就又出发赶路了。

太阳好像要故意捉弄夸父似的，散发出灼热的光。跑着跑着，夸父觉得口有点渴，便低头去喝黄河里面的水，谁知一口气就把黄河水喝了个精光。夸父又接着往前跑去，离太阳越近，也就口渴得越快，没办法，他一低头，又把渭河里面的水喝干了，之后又继续追赶太阳。

就这样，夸父一路向前奔跑，也一路不停地挥汗。他知道北边有一个大湖，水量巨大，只要喝了那里的水，就会有足够的力气去追赶太阳。然而，没等跑到北方的大湖边上，夸父就因为太累太渴倒在了大路上。临死时，他把手杖插在地上。顿时，手杖化作一片桃林，郁(yù)郁葱葱，把山河点缀得格外壮丽。

故事出自《山海经·海外北经》。后用“夸父追日”形容人们征服自然的决心。也比喻某些人不自量力。

同病相怜

春秋时期的楚国，有一位忠心耿耿的老臣名叫伍奢(shē)，他深受楚平王的儿子太子建的敬重和信任。这就引起了奸臣费无极的嫉妒。于是，费无极在楚平王面前造谣诋毁，说太子建一直和伍奢暗中勾结，企图谋反。楚平王便下令把太子建处死。

为了斩草除根，费无极让楚平王暂时不杀伍奢，而是利用他，将他的两个儿子伍尚和伍员（yún）诱进京城。大儿子伍尚担心父亲的安危，立即风尘仆仆地赶到京城，随即就被平王下令处死。小儿子伍员就是伍子胥（xù），他识破费无极的诡计，经历千辛万苦逃到吴国，并得到吴王的重用。

数年之后，楚国大臣郤（xì）宛因办事公正而得罪了费无极。费无极找借口杀害了他全家老小。郤宛有个亲戚叫伯嚭（pǐ），从小由郤宛抚养长大，只有他连夜逃出了虎口。他听说伍子胥的遭遇和自己相似，于是也投奔到了吴国。

伍子胥亲自接待伯嚭，并立刻向吴王推荐。有人问伍子胥："伯嚭刚到这里，你怎么就如此相信他呢？"伍子胥笑笑说："俗话说：'同病相怜，同忧相救。'伯嚭和我有同样的命运和遭遇，我怎能不对他倾心相待呢？"

故事出自《吴越春秋·阖闾（hélǘ）内传》。后用"同病相怜"比喻有同样不幸遭遇的人互相同情。

惊弓之鸟

从前，有个叫更羸（léi）的勇士，非常擅长射箭。有一天，他陪着魏王在花园中散步。那正是秋高气爽的时节，一群群大雁飞过长空，渐渐又消失在远处。忽然，天空中传来一声凄厉的鸟鸣声，更羸抬头望去，只见孤零零的一只大雁正慢慢地飞过来。

更羸指着那只大雁对魏王说：“您看到那只大雁了吗？我现在不用箭也可以把它射下来。”魏王吃惊地说：“这怎么可能啊？”更羸笑而不语，只是拉满了弓，也不搭箭，仅仅一松手，弓弦发出“嘣”的一声，那只大雁挣扎了一下之后，应声落到地上。魏王看得目瞪口呆，说：“天下竟然有这等奇怪的事情！”

更羸说：“秋天的大雁一般是成群而飞，这只却是孤零零的，所以会发出凄厉的哀鸣。它又飞得很慢，翅膀扇动很沉重，应该是受过箭伤。它正处在十分惊恐的状态下，一听到弓弦的声音，越发觉得害怕，便想挣扎着往高处飞。结果旧的伤口迸（bèng）裂，伤痛难忍，自然就掉下来了。”魏王一听，连连称是。

故事出自《战国策·楚策四》。后用“伤弓之鸟”、“惊弓之鸟”比喻受过惊吓，一遇事情就惊恐害怕的人。

后来居上

西汉武帝时，大臣汲（jí）黯（àn）性格直率，常常毫无顾忌地讲话，对汉武帝也不留面子，所以被贬到偏远的东部。在东海太守任上，汲黯廉（lián）洁奉公，将一个郡治理得井井有条，赢得了很高的声望。

汉武帝听说了他的政绩，也觉得他确实是个人才，便又把汲黯调回京城任职。不料有一次，汉武帝刚说起要实行儒家的仁政，汲黯就直截了当地打断他的话说："陛下内心里那么贪婪多欲，表面上却假装要实行仁政，这是何苦呢？"就这样，汉武帝很不喜欢他，也就不重用他。相反，很多原本资历比汲黯低的官员，因为专会逢迎拍马，深受汉武帝的喜爱，官就越做越大，超过了汲黯。

后来，汲黯终于忍不住了，就对汉武帝说："皇上您见过农人堆积柴草吗？他们总是把先来的柴草放在最底层，后面搬来的反而放在上面，您不觉得那先搬来的柴草很委屈吗？您现在提拔官员正是和那堆柴草的农人一样啊！"

汉武帝虽然明白汲黯的抱怨，但这几句话实在难听，便只是压住火气，拂袖而去。此后，汉武帝再也没提升过汲黯的官职。

故事出自《史记·汲郑列传》。后用"后来居上"赞扬后起之秀赶上和超过前辈。

后起之秀

东晋时候的王忱（chén），从小聪明好学，年纪轻轻就写得一手好文章。王忱的舅舅范宁是当时著名的经学家，深受时人敬重。

有一天，王忱去舅舅家看书问学，见舅舅正与一个陌生人交谈。原来陌生人名叫张玄，王忱早就听说过张玄学问好，只是一直没有机会向张玄请教。

不一会儿，范宁有事情离开了，客厅里就剩下王忱和张玄。张玄想道："我年纪比他大，应该他主动来招呼我。"于是，他就一本正经地坐在那儿，仰着脸，等待王忱来搭话。不料王忱看到张玄的样子，觉得他十分傲慢无礼，心里很不服气。如此一来，客厅里一下子冷场了。过了一会儿，张玄气不过，一甩衣袖就走了。

范宁知道后，不免责备王忱。王忱说："他这样傲慢，谁还愿意请教他呢？为什么他就不能主动先找我谈谈呢？"范宁听了王忱的话，拍着他的肩膀说："好，好，你很有志气，真是后来之秀，将来一定能干大事！"

后来，范宁把这件事对张玄说了，张玄也认为自己做得不好。第二天，他特地登门拜访王忱，并向他道歉。从此，两人结为知心好友。

故事出自《晋书·王忱传》。后用"后起之秀"或"后来之秀"指后辈中的优秀人物。

江郎才尽

南朝时代的江淹，年少家贫，但他学习努力，六岁时就能写诗了。

二十岁左右，江淹开始走上仕途，却一直郁郁不得志，甚至受牵连下狱。在狱中，他为自己写了一篇陈情书，言辞恳切，声情并茂，打动了当权者，被释放出狱。他文思敏捷、才华横溢（yì），令世人赞赏，一大批名作如《恨赋》、《别赋》等也广为传诵。当时的文人都称他为“江郎”。连司徒左长史（辅佐丞相的官），也把他奉为座上客。江淹先后历经宋、齐、梁三朝，均位居高官。

相传，忽然有一天，江淹梦到了晋代著名文学家郭璞（pǔ）。郭璞对他说：“我有一支五色彩笔留在你这里，已经很多年了，现在请归还给我吧！”江淹就从怀中取出笔，还给了郭璞。之后，江淹再也没能写出一篇令人忘怀的好作品。人们惋惜道：“江郎已经才尽了。”其实，并不是江淹的才华已经用完了，而是他当官以后，一方面由于政务繁忙，另一方面也由于仕途得意，无须自己动笔，久而久之，文章自然会逐渐逊（xùn）色，缺乏才气。

故事出自《南史·江淹传》。后用“江郎才尽”比喻人的文思枯竭，写不出好文章。

安步当车

战国时候，齐宣王接见隐士颜斶（chù）。宣王说："颜斶，前来！"谁知颜斶也说："大王，前来！"宣王觉得他很无礼。颜斶说："我上前是仰慕权势，大王上前是礼贤下士。与其让我仰慕权势，还不如让大王礼贤下士。"宣王很气愤，说："王者尊贵，还是士尊贵？"颜斶面不改色地说："士尊贵，王者不尊贵。当年秦国攻打齐国，下令说：'有敢在柳下惠墓地周围五十步之内砍柴的，杀无赦。'又下令说：'有能得到齐王头颅的，封万户侯，赏赐千镒（yì）黄金。'由此看来，活王的头颅，还不如死士的坟墓。"

齐宣王听了，不得不服，表示愿意拜颜斶为师。颜斶又说："玉石如果要制作成器件，必然要受到破损。玉器固然宝贵，但玉石的自然美已不复存在。士本是乡野之人，得到禄位固然尊贵显达，但作为士的本真却无法保全了。我情愿回到乡野，晚食以当肉，安步以当车（饥饿了才进食，普通的菜肴也仿佛有了肉的香味；以安闲的步子走路，感觉就好像乘车一样），这样就已经很快乐了。"

说完，颜斶向齐宣王拜了几拜，告辞走了。

故事出自《战国策·齐策四》。后用"安步当车"表示以安闲的步行代替坐车。

如火如荼

春秋后期，吴国和晋国争夺霸权。会盟那天，吴国国君夫差和晋定公正为谁当盟主的问题争得不可开交时，吴国后方传来消息说，越王勾践率兵攻打吴国报仇来了。

夫差立即召集文臣武将商量对策。群臣说，现在退回去等于两边打了败仗，还会两头挨打；但如果能打败晋国，就等于在诸侯国中当定了霸主，再回去收拾越王勾践也不算晚。夫差考虑再三，决定出奇制胜。

按照计划，吴军每万人排成一个方阵，共摆成三个方阵。中间的方阵白盔白甲、白旗帜（zhì）、白弓箭；左边的方阵，红盔红甲、红旗帜、红弓箭；右边的方阵则全部是黑色。吴军连夜出发，天亮的时候便到达了离晋军大营很近的地方。待阵脚稳定，吴国军队鼓声大作，呼喊声震天动地。刚从睡梦中醒过来的晋军一看，都惊呆了：那白色方阵，“望之如荼（tú）”——像开满白花的茅草地；那红色方阵，“望之如火”——像熊熊燃烧的火焰；而那黑色的方阵，简直就像深不可测的大海，令人震惊。

于是，晋国承认了吴国的霸主地位。吴王夫差率军返回了南方。

故事出自《国语·吴语》。后用“如火如荼”形容军容雄壮，也形容气势旺盛。

如释重负

春秋时候，鲁昭公整天吃喝玩乐，引起了民众的不满。鲁国三大家族季孙、叔孙和孟孙趁机把鲁国的公田私分了，租给老百姓种。老百姓也就只听从三大家族的指挥了。

不久之后，鲁昭公发现三大家族的势力越来越大，已经威胁到自己的地位，于是便与儿子和亲信们商议，大家一致认为应该尽早除掉三大家族，并准备先从季孙氏下手。

有一次，鲁昭公见叔孙有事离开京城，料想不会有人支援季孙，便立即派出事先准备好的军队，迅速包围了季孙的住所。季孙措手不及，答应交出全部田地和武装，换取流亡国外的机会。而昭公的儿子坚持要处死季孙。就在这时，孟孙和叔孙同时得知了消息。他们立即把各自的人马组织起来，赶到季孙府去营救。昭公的军队见叔孙和孟孙的人马打过来，吓得丢下手中的武器，纷纷逃命。

昭公见三大家族联合起来对付他，明白自己在鲁国呆不下去了，只好逃到齐国去避难。老百姓知道他离开了鲁国，都像卸下包袱一样轻松。史书上记载这件事时说："昭公出奔，民如释重负。"

故事出自《穀梁传·昭公二十九年》。后用"如释重负"形容解除了无比的烦恼以后心情放松愉快。

杞人忧天

古时候，杞（qǐ）国有个读书人，特别胆小怕事，有一天他忽然想到：天这么大，万一突然掉下来怎么办？接着他又朝窗子外一大片空地上望去，更加提心吊胆起来：这么大一块地，上面又住了那么多人，盖了那么多房子，万一这块地承受不住，陷下去了该怎么办？他越想越觉得害怕，以致整天愁眉苦脸，坐立不安，甚至连饭也吃不下，觉也睡不安稳了。

一个热心人跟他解释：“天不过是堆积起来的气体，到处存在的，人的一举一动、一呼一吸，都在其中，你何必担心天会掉下来呢？”读书人听了，将信将疑地问：“那挂在上面的日月星辰会不会掉下来呢？”热心人解释说：“日月星辰也都是由大气聚集而成的，不过会发光罢了，即使掉下来也不会伤害人的。”读书人还是有点担心：“那么地会不会塌下去呢？”热心人说：“地都是堆积起来的土块，它铺满了各个角落，成千上万的人每天踩着它奔走，为什么要担心它会塌下去呢？”经过这一番解释，读书人总算不再担心天坍（tān）地陷，病也渐渐好了。

故事出自《列子·天瑞》。后用“杞人忧天”比喻不必要的或无根据的忧虑和担心。

抛砖引玉

唐朝时候，赵州有一位法号从谂（shěn）的禅师，是禅宗六祖惠能大师的第四代传人，在佛教界有很大影响。他一直=活到120岁才安然离世。他在赵州观音院里做住持的时候，门下有很多弟子。每次坐禅，他都对僧徒们反复强调说："只有静坐敛（liǎn）心，忘记一切，才能达到禅定的境界。"

有一次，弟子们准备开始坐禅。从谂大师为了考验弟子们是否真的做到了专注，便故意郑重其事地说："谁先进入禅定状态，谁在坐禅完毕后必然会有所领悟。那时候可以来找我。"

于是，大家都在禅房里安安静静地打坐悟禅，不敢动弹。过了不久，一个小和尚忍不住了，他站起来径直走到从谂大师面前，说自己已经解悟了。从谂大师看了小和尚一眼，笑着说道："本来我想抛出一块砖头，引出一块玉石来，没想到却得到一块生砖坯（pī）！"小和尚听出了师父的话外音，羞愧得脸上红一阵白一阵的。

故事出自宋·释道原《景德传灯录》。后用"抛砖引玉"，比喻自己先发表粗浅的见解，而后引出别人的高明见解。

围魏救赵

战国时候，魏国大将庞涓（juān）率领大军包围了赵国国都邯郸。赵国只好向齐国求援。齐国决定由田忌任大将，孙膑（bìn）任军师，率领军队与赵国一起抗击魏国。

任命下达，田忌决定率领军队直奔邯郸而去，击退魏军主力，解救赵国。孙膑摇头说：“不行，不能这么做！”田忌连忙请教。孙膑说：“解开一团乱的丝绳，不能强拉硬扯，劝解两方争斗，也不能直接参与搏斗。平息纠纷，一定要抓住要害。现在，魏国精兵全在邯郸城外，国内所留只剩下老弱病残。我们不如直接挥师魏国国都大梁，威胁其后方。庞涓所领魏军必然放弃邯郸，回师大梁。这样，我们不用参与战斗，魏军就会主动退却，邯郸之围也解了。然后，我们派一支军队在魏军回师途中设下埋伏，正好打他个措手不及！”

田忌连称“妙计”，立即按孙膑的作战方案，率军进攻魏都大梁。魏军得知消息，果然慌慌张张地赶回来救国都。部队来回奔波，士气大减。当他们走到桂陵地方时，被半路上杀出的齐国军队打得七零八落，庞涓这才知道中计了。

故事出自《史记·孙子吴起列传》。后用“围魏救赵”指袭击敌人后方以迫使进攻的敌人撤回的战术。

囫囵吞枣

从前有个读书人，他只会照搬书上的知识，却从来不用自己的脑子认真去思考问题。

有一天，他看见一个卖梨子的老汉正在宣传自己的梨子：“我这个梨子，个头大，水分多，还特别脆。牙口不好的人吃了它，很快牙齿就好了。”旁边的人议论道：“梨子吃多了可是会伤脾的啊，不能买。”读书人大声说：“我看啊，梨子可以吃，就是在嘴里嚼一嚼，接着吐出来，千万别往肚里咽（yàn），这不就成了，既健齿，又不伤脾胃，一举两得！”周围人没听过这么吃梨的，一下子目瞪口呆。读书人则洋洋得意地走开了。

没过多久，他又在街上碰到了卖枣子的。卖枣人说：“我的红枣又甜又糯（nuò）。吃了它可健脾开胃呢！”读书人说：“红枣固然可以健脾开胃，但吃多了对牙齿不好！不过也好办，大家买了枣子，只管整个吞下去，不要去嚼，这样既取得了健脾开胃的效果，又不会伤自己的牙齿！”大家一听，吓了一跳，纷纷说道：“枣子不嚼就往肚里吞，这种囫囵（húlún）吞枣不是要噎（yē）死人吗！你这个主意太损人啦。”

故事出自元·白珽（tǐng）《湛渊静语》。后用“囫囵吞枣”比喻在学习上生吞活剥、不求甚解，或理解事物笼统含混，不加分析。

呕心沥血

中唐时期的李贺是一位著名的诗人。据说他七岁时就能赋诗作文，十岁就已经很有名了。当时著名的文学家韩愈和皇甫湜（shí）都不相信，于是来到李贺家中看他写诗，果然，他俩的题目刚刚确定，李贺的诗作马上就写出来了，就像早就构思好的一样，一首比一首精彩。

李贺除了有很高的文学天赋外，还非常刻苦勤奋。每天清晨太阳刚刚升起来的时候，李贺就会骑上一头小毛驴，带上小书童和布袋子，四处游走。每当产生一些灵感，李贺都会赶紧把灵感记下来，放到随身携带的布袋子里面。晚上回到家里，再写出完整的诗作。母亲见儿子因思虑过度而憔悴，忍不住心疼地对他说："你难道要把心肝都呕出来才肯罢休吗？"

就这样，李贺年复一年、日复一日地将自己的全部精力都投入到诗歌创作中，身体很快垮下去，二十七岁的时候就去世了。就在这短短的二十七年里，李贺创作了大量脍炙人口的佳作，如《雁门太守行》等。

故事出自《新唐书·李贺传》。呕：吐；沥：滴。后用"呕心沥血"比喻冥思苦想，费尽心血。一般用来形容艺术创作的艰辛。

每况愈下

战国时候，庄子四处宣讲他的“道”。有一天，东郭子问他：“‘道’究竟在什么地方呢？”庄子说：“无处不在。”东郭子说：“您能不能指一个具体的地方呢？”庄子说：“在蝼蛄、蚂蚁身上。”东郭子迷惑了，说：“那么卓越清高的‘道’，怎么会在那么卑微的小虫身上呢？”庄子面不改色，说：“还在野草稗（bài）草之上。”东郭子愈发觉得不可思议，说：“怎么越来越卑微了呢？”庄子还是若无其事地说：“还在砖瓦之上，甚至在屎尿之中。”东郭子气愤地说：“这么清高的先生，没想到这么卑下粗俗！”

庄子说：“您所提的问题，本来就没深入到问题的实质。我举个例子给你听吧。市场的管理者去问卖猪肉的屠夫，怎样判断猪的肥瘦。屠夫回答说：‘这很简单，踩一踩猪腿就知道了。每下愈况（况，明白），猪腿越往下面就越难肥，如果连那里都肥了，那这必然是头肥猪无疑。’你以为大道至高无上，不可能存在平凡低微的事物之中。事实上，道是不会离开任何事物的，‘每下愈况’，越是从平凡低微的事物中去探索，就越能看出道的具体表现啊。”

故事出自《庄子·知北游》。起先人们用“每下愈况”表示越从低微的事物去推断，就越能看出真实情况。但后来多作“每况愈下”，用来形容情况越来越坏。

返老还童

传说，汉朝的淮南王刘安自年轻时候起就立志求仙学道。

有一天，刘安正在书房看书，仆人进来报告说："大人，门外有八个老人求见。说是带来了返（fǎn）老还童之术，希望当面奉献给您！"刘安非常高兴，赶紧从椅子上站起身来，说："快快有请！"但转念一想，又觉得有点不对头。便对仆人说："慢着！老人们多大年纪了？"仆人说："都是七八十的老汉了。"刘安说："他们自己都七老八十了，既然身怀返老还童的绝技，就应该先让自己变年轻才对。你赶紧带上人，把这伙骗子给赶走，越远越好！"仆人领命而去。

没过多久，那个仆人又回来了，身后还跟着八个老头，鸡皮鹤发，老态龙钟。刘安正要发怒的时候，其中一个老头说话了："大人，您不要怪这个仆人，是我们一再要求要进来的。"另一个就说了："我们就是要进来，让大王您亲眼看一看，我们这返老还童是真是假。"说完，地上冒出一团青烟，待烟消云散，出现在刘安面前的，却是八个天真活泼的男童。刘安惊讶得嘴都合不上了，赶紧请他们上座。

故事出自《神仙传·刘安》。后用"返老还童"形容老年人愈活愈年轻，几乎像青年人一样充满朝气和活力。

余音绕梁

相传，古时候有一个名叫韩娥的姑娘，非常善于唱歌。但是因为家里非常贫困，她只好背井离乡，去齐国谋生。

有一天，她来到一个旅店投宿。旅店老板看韩娥风尘仆仆、衣裳破旧的样子，就赶她走。韩娥觉得非常委屈，便轻轻地唱起歌来。悠长悠长的曲调，婉约悲怆（chuàng），唱出了一个备受冷落的孤独者的悲怨和不平。不一会儿功夫，镇上的男女老少都围拢过来听她唱歌，个个眼圈发红，甚至忍不住流下泪来。待他们从歌声中回过神来，才发现韩娥已经走远。于是大家纷纷责怪旅店老板的无情无义，又叫人赶紧把韩娥追回来。

韩娥回来了，受到镇上居民的热情款待，这次，她唱了首活泼轻快的歌，整个镇上的人们听了，都高兴得又蹦又跳，忘记了生活中的忧愁。歌声飞入林间，小鸟纷纷聚集过来静听；歌声飘入云间，行云停在空中久久不愿离去。

韩娥终于向大家告别走了。她已经走了三天，可是她那悦耳的歌声，仿佛仍在房梁上萦（yíng）绕，时时在人们的心中回荡。

故事出自《列子·汤问》。后用“余音绕梁”形容优美的歌声给人留下了长久的回味。

饮鸩止渴

东汉时候，有个人名叫霍谞（xǔ）。他十五岁那年，舅舅宋光被人诬陷说随意篡改皇帝的诏书，而被关进了洛阳大牢。霍谞从小就跟舅舅生活在一起，深知舅舅绝不会干出篡改诏书这样的事情来。于是，霍谞决定给朝廷上书，为舅舅洗刷不白之冤。

在上书中，霍谞这样写道："我和宋光有骨肉之亲，我说他是冤枉的，人们未必相信，所以我从一般的人情上来说。宋光祖上都曾做官，他自己的仕途也颇为平顺，每天都想着从州郡调去中央。这样的人，即便对诏书有不同意见，也只是保留在心里，而不敢冒着杀头的罪名擅自改动诏书啊。这就好像人在饥饿的时候，用毒草来填饱肚子，在口渴的时候，用鸩（zhèn）鸟羽毛浸过的毒酒来解渴，东西还没有进入肠胃，人命已经不在了。以宋光一贯的作风，他难道会这样做吗？"

大将军梁商看过霍谞写来的申诉书后，非常赞赏，便带着申诉书面见皇上。后来，宋光终于被释放出狱，官复原职。霍谞为舅舅申冤的事也传遍了京城。

故事出自《后汉书·霍谞传》。鸩：传说中的毒鸟，用其羽毛浸过的酒能毒死人。后用"饮鸩止渴"比喻只图解决眼前问题而不顾后患。

言过其实

三国时候，蜀国有个叫马谡（sù）的，才气过人，深受丞相诸葛亮的器重。但是，蜀国国君刘备看出来马谡只会纸上谈兵，便在死前向诸葛亮交代说：“马谡言过其实，不可大用。”但诸葛亮并没有把这话放在心上。

有一年，诸葛亮出兵北伐，力排众议，任命马谡为先锋。

马谡与副将王平率领军队到了街亭（今甘肃秦安东北）安营扎寨，准备与司马懿率领的魏军开战。这时，副将王平说：“街亭的水源在山下城边，我们应该把军队驻扎在城中，既方便取得水源，又能有效阻挡魏军的进攻。”马谡却不管不顾，把军队驻扎到街亭南面的山上。王平无奈，只能带着一千人马在城中扎营，并迅速把兵力部署（shǔ）报送诸葛亮。

诸葛亮看到兵力部署图，赶紧派人去街亭纠正马谡的举动。但为时已晚，魏军一到街亭，便将马谡驻扎的山团团围住。这样，山上的蜀军无水可饮，不战自乱。几天后，魏军发起攻击，蜀军大败，马谡突围逃走。街亭失守，使得诸葛亮的这次北伐成为泡影，只好退兵。马谡也被按军法处死。

故事出自《三国志·蜀志·马良传》。“言过其实”原意是指言语浮夸，超过实际才能。现在一般指说话夸张失实，超过了实际情况。

完璧归赵

战国时候，赵王得到了稀世珍宝和氏璧。秦王听到消息，就写信给赵王说，愿意用十五座城池换得和氏璧。赵国君臣商议后，觉得左右为难：给吧，秦国向来不守信义，“十五座城”恐怕只是说说而已；但不给吧，又怕秦国会以此为借口攻打赵国。这时，蔺（lìn）相如毛遂自荐，愿出使秦国。

蔺相如在秦王行宫恭恭敬敬地奉上和氏璧。秦王非常高兴。蔺相如等了很久，见秦王对交换城池的事情只字不提，便对秦王说：“大王，这璧上有一小点瑕疵（xiácī），请允许我指给您看。”秦王一听，赶紧拿出璧来递给蔺相如。蔺相如持璧在手，退后几步，靠在柱子上，对秦王说：“大王想用城池换得和氏璧，大家都说：‘秦国贪心，仗着国力强大，不过是用空话来换罢了。’而臣以为，平民百姓打交道尚且不相欺骗，何况堂堂大国！可是我看大王无意给赵王那十五座城，所以将璧取回。如果大王一定要逼臣，今天我的头颅就要与这块璧一起撞碎在柱子上了！”

秦王慌了，拿出地图，装模作样地指了十五座城池给蔺相如看。蔺相如知道秦王不过是玩玩花招，便要秦王斋戒五天，并以隆重的仪式接受和氏璧。秦王一口答应。在此期间，蔺相如则派人带着和氏璧，偷偷地从小路回赵国去了。

故事出自《史记·廉颇蔺相如列传》。后用“完璧归赵”表示东西完好地回到了主人手中。

改弦易辙

汉武帝手下有个叫张汤的官员，专管司法工作，但心狠手辣。汉武帝觉得他聪明果断，能够有效维护皇帝的威信，于是便把朝廷制定法律条令的大权交给他。受到重用后的张汤变本加厉，甚至在审理淮南王、衡山王等人的谋反案件时乱杀好人。时间一长，朝廷内外都在汉武帝面前指控张汤，汉武帝没办法，只好迫使张汤自杀。

和父亲相反，张汤的儿子张安世十分仁义忠厚，凡朝廷托付的事情他都实事求是地办理，也受到了汉武帝的重用。有一次，他曾举荐一个贤人担任要职。那人专程登门向张安世道谢。张安世说："举贤任能，这是朝廷的公事，是我作为大臣的本分，你怎么能私下里谢我呢？"于是便与之绝交。张安世一门三侯，其家族也传承了八代侯位不失，足可称奇。

这样类型的父子，还有杜周和儿子杜延年。史书上用"改弦易辙"四字，说明由于下一代人的明智做法，掩盖和纠正了上辈人的过失。

故事出自宋·王楙（mào）《野客丛书·张杜皆有后》。"改弦易辙"原意是调换琴弦，改变车道。后比喻变更老一套做法，制定新的措施。

鸡鸣狗盗

战国时候，齐国的孟尝君广收门客，不管有没有才能，只要愿意来，都可以衣食无忧。

有一次，他率领众门客出使秦国。秦王钦慕孟尝君的才干，想留他为相，不料手下进言说：“孟尝君固然有才，但他是齐国王族。他做秦国国相，必然先考虑齐国的利益再考虑秦国的利益。”秦王便将孟尝君看管起来打算杀掉。

孟尝君得知消息，赶紧向秦王的宠（chǒng）妃求救，宠妃说：“你能够把那件天下无双的狐白裘给我，我就帮你的忙。”但狐白裘已经作为国礼送给了秦王，哪里还有第二件呢？这时，一个很不起眼的门客站出来说：“我善于偷东西，我去秦国仓库找出来。”他当天夜里就偷出了狐白裘。孟尝君将其献给秦王宠妃。宠妃则在秦王枕边说了很多好话，让秦王放了孟尝君。

孟尝君深知不能久留，赶紧逃走。半夜的时候，他们一行来到了函谷关（今河南灵宝东北）。按规定，必须要等到早晨鸡叫时分才能出关。眼见追兵已近，孟尝君焦急万分，忽然听到“喔喔喔——”一声鸡鸣，原来是一个下等门客正蹲在石头上学鸡叫呢！顿时，周围的鸡都跟着叫起来了。他们叫醒守关的官吏，顺利地逃走了。

故事出自《史记·孟尝君列传》。后用“鸡鸣狗盗”比喻卑微的技能或有这种技能的人。

纸上谈兵

战国时期，赵国名将赵奢有个儿子名叫赵括，从小就爱阅读兵法兵书，甚至能将书中的内容大段大段地背诵出来。和别人谈起兵法的时候，根本就没人赢得过他。这样一来，赵括就认为自己天下无敌了。但父亲赵奢不以为然，反而说："赵括就会纸上谈兵，如果他去带兵打仗，必定败得很惨。"

赵奢去世后，秦国攻打赵国。赵王请老将廉颇指挥作战。廉颇分析了双方实力，采取了坚守不出的保守方针，准备拖垮远道而来的秦国军队。秦军久攻不下，就派间（jiàn）谍去赵国散布谣言，说秦国别的将领都不怕，只怕赵括领军，如果赵括当了主将，秦军必败无疑。赵王果然听信谣言，决定用赵括换掉廉颇。

赵括奉命到了长平，把廉颇的作战计划全部推翻，一切都按照兵书上说的去做。秦国任白起为上将，向赵军发起进攻。白起引出赵军后，马上切断他们的粮草通道，把他们团团围住。赵军被围四十多天，粮草中断，军心涣（huàn）散。赵括率领一队人马企图冲出重围，被秦军用乱箭射死，赵军的四十万兵马全部被歼（jiān）灭。

故事出自《史记·廉颇蔺相如列传》。后用"纸上谈兵"比喻不切实际的空谈。

杯弓蛇影

晋朝的乐（yuè）广，为人热情，爱交朋友，爱喝酒。其中有一位朋友平常有事没事总爱到他家里来喝酒聊天，但忽然有很长一段时间没有再来，这让乐广十分惦（diàn）念。

乐广来到朋友家里，只见朋友躺在床上，脸色蜡黄，目光呆滞，有气无力。乐广关切地问道："你为什么会突然变成这样子？"朋友支支吾吾，怎么也不肯说。经过乐广再三追问，朋友终于说："前次在你家吃饭喝酒，忽然看见酒杯里有一条小蛇在游动。本来不想喝，但看到你那么热情，我就喝下去了。回来之后，总感觉有蛇在肚子里，于是惴（zhuì）惴不安，因而得病。"

乐广回去沉思良久，忽然看到墙上挂着的一张弓，心里立刻明白了。他又将那位朋友请过来，还是在前次吃饭的地方摆开餐桌酒杯。乐广给朋友斟满了酒，那朋友立刻叫了起来："蛇！蛇！"这时，乐广从墙上摘下弓来，问道："现在呢？"朋友仔细一看，果然杯中没有了那道弯弯的仿佛在游动的蛇影，于是不由得放声大笑，病一下子就好了。

故事出自《晋书·乐广传》。后用"杯弓蛇影"比喻因过于疑虑而自己吓自己。

杯水车薪

孟子是战国时代著名的思想家，他继承和发扬了孔子的思想，主张施行仁政，在推行仁政思想的过程中，他曾经讲过这样一个故事：

从前有个樵夫，每天都要从山上砍下一捆一捆的柴，背下山，运回家攒起来去城里卖。有一个夏天，天气非常炎热，太阳火辣辣的，将樵夫晒得大汗淋漓。他停下车，用杯子在河里舀（yǎo）水喝。后来他绕过一座山，到了一片荫凉地，坐在树荫下睡着了。等他醒来，忽然发现那车柴起火了。砍柴人慌了。不能眼看那车柴白白化成灰烬（jìn）呀！可眼下哪儿有水呢？杯子里只有刚才从河里舀的一点水，是准备路上喝的。砍柴人顾不上那么多，拿起杯子就往柴上倒。当然，火是不可能被一杯水浇灭的。

孟子说：“仁战胜不仁，就像是水战胜火一样。而当今（战国时代），施行仁政的人太少，就像是端着一小杯水去救那一车柴所着的火，几乎无济于事。”

故事出自《孟子·告子上》。薪：柴。孟子讲的故事只是个比方。后用“杯水车薪”形容解决困难的办法极为有限，几乎无济于事。

画龙点睛

南朝时候，江南湖州地方有一位张僧繇（yóu），绘画技艺十分高超。有一次，张僧繇来到金陵安乐寺。他兴之所至，便准备在一面空白的墙上画四条龙。待工具准备好，张僧繇便研墨挥笔，飞快地在墙上画起来。一会儿功夫，人们的眼前就出现了四条龙，它们张牙舞爪，腾飞翻滚，像天上飞来的真龙一样。

忽然有人叫了起来："龙怎么没有画眼睛？"张僧繇微笑着说："一画上眼睛，这龙就会飞到天上去。"人们都以为画家在说笑话："画上的龙哪里就能活过来呢？你这是在吹牛吧！"

张僧繇见大家都不相信，于是拿起画笔，给其中一条龙点上了眼睛。霎时间，天地变色，风雨大作，点上眼睛的那条龙从墙面上腾空而起，消失在天空中。墙上只留下那几条还没点上眼睛的龙。

故事出自唐·张彦远《历代名画记》。后用"画龙点睛"比喻说话和写文章时，在关键地方加上一两句点明要旨的文字，使言辞更加生动传神。

招摇过市

春秋时候，有一次孔子带着他的弟子们离开鲁国来到卫国。卫国国君卫灵公非常看重孔子的才学，就把孔子和他的弟子们留在了卫国。没过多久，有人对卫灵公说：孔子他们来到卫国肯定是暗中在为鲁国谋利益。卫灵公听信了这话，虽没有公开为难孔子，却对他们冷淡起来。

孔子本想在卫国推行仁政，但看到卫灵公根本不信任他，便带着弟子们悄悄离开了，准备去宋国。但卫灵公又派人追上来向孔子道歉，并把他们请了回去。

一天，卫灵公派人去请孔子一起外出游玩。只见几匹高头大马披红挂彩，身后拉着装饰豪华、金光闪闪的大车。一溜车队像长龙一样从卫国宫门里缓缓驶出来，后面鼓乐齐鸣，声势浩大。卫灵公和王后南子同坐在当中最漂亮的大车上，而孔子则坐在紧随其后的车上。围观的人群把车队经过的大街围得水泄不通，大家都笑话说："连孔子也学着招摇过市了！"孔子听了，觉得受到了极大的侮辱，在半路上他就向卫灵公告辞回去了。

故事出自《史记·孔子世家》。后用"招摇过市"形容故意显示自己，以引起别人注意。

势如破竹

三国末期，司马炎灭掉了蜀国，夺取了魏国的政权，只有吴国尚在勉力支撑。

司马炎与大臣们商议灭吴之事，以太尉贾充为首的保守派认为，吴国有长江天险可以依凭，而且擅长水战，以北人为主的晋军难以取胜。晋国应当继续积聚力量，待时机成熟再攻打吴国。而羊祜、张华、杜预等纷纷主张灭吴。杜预认为，吴帝孙皓腐化透顶，对治下的老百姓一点都不体恤，对官员也大加刑罚，人心背离。此刻出兵，可不战而胜。倘若吴人另立新君，励精图治，再灭掉它就很不容易了。司马炎觉得有道理，便决心攻打吴国。

公元279年，二十万晋国大军兵分六路，水陆并进，讨伐吴国。大部分吴军闻风丧胆，纷纷开城投降。就在这时，有人提意见说：吴国立国已久，一下子歼灭不切实际，而且春天长江水势暴涨，对晋军不利。杜预又上书坚决反对，他说：“如今晋军斗志昂扬，所向无敌，犹如利刀劈竹子，劈过几节后，竹子就迎刃破裂，一举灭吴不会再费多大的气力了！”果然，晋军一鼓作气，不久就攻占了吴国国都建业（今南京）。

故事出自《晋书·杜预传》。后用“势如破竹”形容战斗节节胜利，毫无阻碍，具有不可阻挡的气势；也形容工作进展极为顺利。

明珠暗投

汉景帝的弟弟梁孝王有个门客名叫邹阳，对梁孝王的种种举动都敢于直谏，弄得梁孝王很不开心。正好，同在梁孝王府中的羊胜、公孙诡一向嫉妒邹阳的才学，便在梁孝王之前大说邹阳的坏话。梁孝王一怒之下，便将邹阳下狱论死。但邹阳并不屈服，在狱中写下了《上梁王书》一文为自己辩白。

在这篇文章中，邹阳说：把明珠在黑夜抛向行人，人们没有不惊异地按剑看他的。为什么呢？因为宝物无端地被抛到面前。盘曲的树根，屈曲奇特，却可以成为国君鉴赏的器物。为什么呢？是因为周围的人事先把它雕刻装饰了。所以宝物无端地抛到别人眼前并不讨好，但如果事先有人予以推荐，就是枯木朽株也会有所建树而不被忘掉。他用这个例子说明，如果没有别人的帮助，即使向主人提了很好的意见，主人也不会很快地接受。

梁孝王读了邹阳的文章深受感动，立刻把他从狱中释放出来。

故事出自《史记·鲁仲连邹阳列传》。后用“明珠暗投”比喻有才能的人得不到重视。

贪小失大

战国时期，秦国国君听说南边蜀国的土地物产丰富，便打主意要吞并它。但秦国几次出兵，都因蜀道艰险而不得不撤回兵马。这时，属下献计说，可以造一些能下金粪的石牛送给蜀侯，蜀侯贪图宝物，便会自行打通道路。

于是，秦国国君派人打造了五头石牛，挖空肚子，塞进去满满的金玉宝石，然后写信给蜀侯说：秦国愿意与蜀国交好，为了表示自己的诚意，特意送上五头能拉出金玉宝石的石牛。秦国国君派使节将信件和大批别的金银财宝送给蜀侯，并对他说：小件的金银财宝我们可以带来，但是宝贝石牛实在是太大太重，而道路太窄，我们没法运进来。

蜀侯收到大批金银财宝，心里乐开了花，赶紧指挥人去开山筑路。蜀国的大臣们纷纷劝谏说：蜀国就是因为山高路险，秦国才没能攻打进来，现在我们开山筑路，岂不是让他们顺顺利利就进来了么？蜀侯一心只想着那几头宝贝石牛，根本就不听属下的建议。

没过多久，秦国通往蜀国的道路修通了。秦国国君立即挑选精兵数万，以护送宝贝石牛为名，浩浩荡荡地向蜀国进发。秦兵一来到蜀国国都，立即拿出兵刃，将毫无防备的蜀国一举拿下。

故事出自《吕氏春秋·权勋》。后用“贪小失大”形容因贪图小利而造成重大损失。

夜郎自大

在中国古代，西南地区生活着很多少数民族部落，其中最大的一支叫做“夜郎”。夜郎人世世代代居住在崇山峻岭之中，由于交通不便，从来没有人走出去过，根本不了解外面的世界。而周边的那些部落，人数都没有夜郎的多，地盘也没有夜郎的大。久而久之，夜郎侯就认为自己是天底下最大的了。

有一次，夜郎侯在自己的地盘上四处游玩。走到一座高山前，他得意地问随从们：“你们看，夜郎国的山是多么的高峻啊，难道世界上还有比这座山更高的吗？”随从们纷纷附和说：“肯定没有了，这就是天下最高的山！”走到一条河边，他又骄傲地说：“你们看，我们夜郎国的河流是多么的宽广，难道天下还有比这条更大更宽的河吗？”随从们又齐声附和道：“肯定没有了，这就是天底下最大最宽的河流了。”于是夜郎侯更加觉得夜郎国了不起，更加自高自大起来。

有一年，汉朝派遣使节往西南方向寻找去古印度的道路，经过夜郎的地盘。夜郎人问道：“你说你从汉国来，那汉国大还是夜郎大？”汉朝的使节听了哈哈大笑起来，说：“大汉国州郡就有好几十个，夜郎国还远远不及一个郡呢！”夜郎人听了全都目瞪口呆。

故事出自《史记·西南夷列传》。后用“夜郎自大”比喻愚昧无知，自以为了不起。

庖丁解牛

战国时候，魏国（又称梁国）有个很出名的厨师，名叫丁，人们称他为“庖丁”，“庖”就是厨师的意思。

有一天，梁惠王看庖丁宰牛。只见庖丁手所接触的地方，肩膀所倚靠的地方，脚所踩的地方，膝盖所顶的地方，全都哗哗作响，进刀时豁豁的，竟然符合尧、汤时候的音律，很有韵味。于是，梁惠王惊讶地说：“真不简单！您怎么能有这般高超的技艺呢？”

庖丁放下刀子，回答说：“我刚开始宰牛的时候，看见的是一整头牛。三年之后，眼中就没有整头牛了。而现在，我以精神和牛接触，而不是用眼睛看。分拆牛的肢体时，我会按照牛天生的组织结构，敲击大的空隙，把刀引向骨节的空窍，刀经过的地方，连紧连着骨头的肉和筋肉聚结处都不会碰到，不要说大骨头了！有水平的厨师，一年换一把刀，那是随便割肉的缘故；次一点的厨师，每个月换一把刀，那是硬砍骨头的缘故。而我这把刀，已经十九年没换，起码宰过几千头牛了，却还像新的一样。”梁惠王忍不住看了看庖丁的那把刀，果然像新磨过的，发着亮光。

庖丁继续说：“牲畜的骨节总有间隙，而刀刃却薄得像没有厚度。这样刀刃进去就可以游走自如，而没有损伤，自然就像新的一样。”

故事出自《庄子·养生主》。后用“庖丁解牛”比喻技艺极其纯熟，解决问题得心应手。

盲人摸象

大厅里，国王正请盲人们挨个摸大象，并让他们说说自己摸到的大象的样子。

第一个盲人走到大象前方，微微抬起头，用双手一个劲儿地抚摸象牙。然后他对国王说：“我刚才摸了半天，发现大象原来长得和萝卜差不多，只是比萝卜还要长。”

第二个盲人则踮起脚，摸到了大象的耳朵，他兴奋地对国王说：“它根本就不像什么长萝卜，而是像一只大簸箕。”第三个盲人蹲下身子摸到了大象的腿，便对国王说：“大象明明就像根柱子嘛！”国王听了，哈哈大笑说：“你们都说得不对！”

“尊敬的陛下，我知道大象长什么样子了！确实不是什么萝卜、簸箕、柱子！”第四个盲人摸着象尾巴说：“这大象明明像根绳子嘛！”接着，第五个盲人摸着大象的背，说它像只床。第六个盲人摸着大象的肚子，又说它是堵墙。他们吵吵嚷嚷，都说自己说得对。一旁的国王和大臣们却摇摇头，陷入了思考：这几个盲人，看不见东西固然可怜；可他们只接触到大象身体的一小部分，就以为它是一整头大象，这岂不是很可笑吗！

故事出自《涅槃经》。后用“盲人摸象”比喻以一点代替全面，认识有偏差。

郑人买履

春秋战国时候，郑国有个人鞋子磨破了。他决定去集市上买双鞋子。为了买到合脚的鞋子，他先用尺子将自己的两只脚仔仔细细地量了好几遍，然后找来稻草，按照脚的尺寸截下来，到时候只要拿稻草比一下鞋子，就知道哪双鞋子合脚了。

第二天，他起了个大早，又翻山越岭地赶路，到集市的时候都中午了。他找到一个卖鞋的摊位，一边跟老板打招呼，一边就去口袋里找昨天裁好的稻草。可始终没找着。他仔细一想：早上急着上路，竟然把稻草落在家里没有带出来！于是他拔腿就往回跑。

他气喘吁吁地回到家里，找到了做标准用的稻草，又重新翻山越岭赶到集市上，已经夜幕降临，集市早已关闭了。他累得一屁股坐在地上，不住地唉声叹气。这时，一个过路人走来，问他怎么了。他就把买鞋的经过说了。过路人听了觉得奇怪，就问他："你是给自己买鞋，还是替别人买？"他说："给自己买呀！"过路人指着他的脚说："脚就在你身上长着，何必带什么尺码呢！"他不以为然地指着那截稻草说："我宁愿相信尺码，也不相信自己的脚。"

故事出自《韩非子·外储说左上》。履：鞋子。后用"郑人买履"讽刺那些不顾实际情况、只相信教条的人。

空中楼阁

从前有一个富翁，拥有很多财富，可是他智商太低，总惹出不少笑话。

有一次，本地的另一户人家新造了一幢三层楼阁，富翁见了羡慕不已，于是打算自己也造一幢这样的楼。

富翁请来当地最有名的工匠说："你注意到那家的三层楼阁了么？我家也要造一座。"说干就干，富翁拿出很大一笔钱，工匠立即召集人手开始干活。

看着大家干活，富翁脸上却有不解之色，他问那个领头的工匠说："你们在干什么啊？"工匠说："给您造三层楼阁啊。"富翁摇摇头说："不对不对，你们不要以为我不懂，造那个楼阁哪里要这么多木材砖瓦？还要打什么地基？"工匠说："三层楼阁，地基要打得深，打得牢，然后第一层要宽大结实，这样第二层第三层才……"富翁打断他的话说："谁叫你造第一层、第二层的？给我直接造第三层！"工匠跳了起来："哪有这种道理！不造第一层第二层，怎么造第三层！"富人固执地说："我就是不要下面两层，只要第三层！"

如果这悬在空中的第三层楼真有可能造成的话，不知道那个富人怎么爬上去。

故事出自《百喻经·三重楼喻》。后用"空中楼阁"比喻虚幻的事物或脱离实际的空想。

孟母择邻

战国时候的孟子，名轲，是我国著名的思想家。他的父亲在他很小的时候就去世了，他和母亲相依为命，住在一片墓地旁边。

有一天，孟母发现不远处的坟地上有一群孩子在那里吵吵闹闹，走近一看，只见孟轲正和一群孩子们玩“办丧事”的游戏，他们拿铁锹的拿铁锹，嚎哭的嚎哭，唱丧歌的唱丧歌，玩得不亦乐乎。孟母下定决心说：“不行，我儿子不能住在这种地方。”

于是，孟母带着孟轲搬到了一处集市旁边。过了一段时间，孟母发现孟轲又和一群孩子玩起了“做买卖”的游戏。他们有的扮演卖家，一个劲儿地夸耀自己的东西好；有的扮演买家，装模作样地砍价。孟母又想：这也不是我孩子该居住的地方。

于是，孟母又带着孟轲搬到了一所学宫旁边。没过多久，孟轲又和周围的小朋友混熟了，他们经常在一起摆上宴请、祭祀用的器具，学着大人宾主相见或祭祀的礼节。孟母看了，心中暗暗高兴：“这才是我儿子该居住的地方。”

长大后，孟子努力学习，终于成为一位大学问家。

故事出自汉·刘向《列女传·邹孟轲母》。后用“孟母择邻”、“孟母三迁”指慈母选择有利于子女成才的良好环境。

草木皆兵

东晋时候，我国北方先后出现了少数民族建立的十六个国家，即“五胡十六国”。其中，氐（dī）族所建立的秦国（史称前秦）最为强大，前秦国王苻坚一点儿也不把偏安江南的东晋放在眼里，决心率大军南下，吞掉东晋。

当时，秦军号称九十万，而晋军只有八万。晋军主将谢石说：“敌众我寡，硬拼肯定不行，一开始就要打掉苻坚的锐气和傲气，然后再仔细计较。”谢石派遣部将刘牢之率精兵五千出奇制胜，一举消灭秦军前锋一万多人。秦王苻坚没料到东晋将士如此勇敢，先前的骄傲轻敌之心顿时烟消云散。他登上寿阳城楼，见城外晋军阵势严整，士气高昂，不由得感叹说：“晋军兵力强大，不可小视啊！”苻坚遥望城西八公山，只见山上草木摇曳（yè），影影绰绰，都像是晋国设下的伏兵，心中十分恐惧。

后来，苻坚命令部队在淝水北岸排好阵势，准备决战。晋军将领谢玄说：“请你们让出一点地方，以便晋军渡河决战。”苻坚大喜，企图趁着晋军渡河的时候袭击。孰料秦军一后退，后军以为前军已经溃败，便赶紧逃跑；前军也不知道后面发生了什么，看到大家跑，便跟着使劲跑。晋军渡过淝水，趁势追杀，赢得了整个战争的胜利。这就是历史上以少胜多的有名战役“淝水之战”。

故事出自《晋书·苻坚载记下》。后用“草木皆兵”形容人心中极度惊慌害怕。

南辕北辙

春秋时候的季梁是著名的政治家、思想家。

有一次，魏王准备攻打邯郸，季梁听说了，马上求见魏王，对魏王说：“今天我回来的时候，在大路上遇见一个人，赶着车，正在往北面走。他向我问路，说想到楚国去。我说：‘楚国在南面啊，您既然要到楚国去，就应该往南面走，为什么要往北走呢？’他不以为然地说：‘没关系的，我的马好。’我说：‘您的马虽然不错，但是这不是去楚国的路啊！’他又说：‘那也没关系，我的路费多。’我说：‘您路费再多，但往北面走去不了楚国啊！’他又说：‘那怕什么，我的车夫很善于赶车的。’我只好感叹说：‘哎，您的车夫越善于赶车，您离楚国的距离就越远啊！’现在大王总想建立霸业，每一个行动都想在天下取得威信。然而，您现在依仗国势的强大和军队的精良，去攻打邯郸，以扩展疆土，扬名天下，这样的行动越多，那么距离大王的初衷无疑是越来越远。这不是和那位想到楚国去却向北走的人一样吗？”

故事出自《战国策·魏策四》。辕：车前连接马的部位。辙（zhé）：车轮压在路上的痕迹，指道路。后用“南辕北辙”指本要朝南去的车却驾车往北赶。比喻行动与目的相反，也比喻完全相反的事情。

柳暗花明

南宋著名的爱国诗人陆游，一向主张抗金救国，却屡屡受到排挤和打击。后来，他被罢官，便回到家乡山阴（今浙江绍兴）闲居起来。尽管赋闲在家，他心头仍然记挂着国家大事，因而郁郁不安。

一天，他沿着镜湖信步往前，不知不觉走进西山山林，只见山青水秀，松竹成荫。慢慢走到山顶，忽见路断人绝。可是，陆游游兴正浓，不想返回，便沿着山另一边的一条陡直的山径往下走。不料，拐过山角，忽见山回路转，一条幽径弯弯曲曲就在他脚下，直通山间一个小村庄。陆游顺着山路走到山腰一块空旷地，这儿柳林成荫，鲜花似锦，十几间草屋掩映在绿柳红花间，好像人间仙境一般。陆游的心情不由得豁然开朗起来。他进村拜访村民，主人捧出自己酿造的酒，热情款待了这位来自山外的稀客。

兴尽而返，已经是月明星稀时分，陆游写下了著名的《游山西村》：

莫笑农家腊酒浑，丰年留客足鸡豚。
山重水复疑无路，柳暗花明又一村。
箫鼓追随春社近，衣冠简朴古风存。
从今若许闲乘月，拄杖无时夜叩门。

后用“柳暗花明”比喻看来困难重重已无希望的事，忽然出现转机。

按图索骥

春秋时候，秦国有个叫孙阳的人，特别善于相马。众人都用传说中负责管理天马的星宿“伯乐”来称呼他。后来，孙阳将自己多年积累的相马经验和知识写成了一本书，配上各种马的形态图，取名为《相马经》。

孙阳的儿子拿起父亲刚写好的书读了起来，他看着图片和说明文字，觉得相马非常简单——只要找那种额头高高的，眼睛鼓起来的，蹄子像是酒药饼子似的马就好了。他便趁着父亲外出的时候，偷偷地揣好《相马经》，四处去寻找千里马。

经过一番寻找，他发现田野里的癞蛤蟆和书上说得差不多，便兴冲冲地抓了回去。孙阳正好回家看见，便问道：“你抓只癞蛤蟆干什么？”儿子理直气壮地说：“这是我找的千里马啊，你看是不是额头高高的，眼睛鼓起来，像你书上说的那样呢？只是蹄子有点差异罢了。”孙阳听了哭笑不得：“这丑东西果然长得有点高额突目，可它哪里能驮着人扬蹄飞奔呢！”

伯乐的儿子“按图索骥”的笑话就此传开了。

故事出自《汉书·梅福传》。后用“按图索骥”比喻照搬书上的教条办事，往往行不通；也指循着一定的线索去寻求事物。

前倨后恭

战国时候，洛阳人苏秦因自己的战略得不到秦王赏识，只好打道回府。一路风餐露宿，回到家时，已经面黄肌瘦，潦倒不堪。

到了家中，正在织布的妻子见到苏秦的模样，恨恨地转过头去，连招呼也不愿意打。苏秦向正在做饭做菜的嫂嫂要点吃的，她更是装作没有听见。苏秦的父母也皱起眉头，话都不想说。苏秦当夜便把家中藏书都拿出来，伏案攻读，用功向学。有时读书疲倦，昏昏欲睡，他就用锥子刺自己的大腿，以保持头脑清醒。

一年之后，他觉得学有所成，便又走出家门。他先去游说赵王，取得了极大成功。各国也听从苏秦的主张，齐心协力抗秦，使秦国不敢出函谷关一步。

有一次，苏秦出使路过洛阳。他的父母得知，立刻清扫房舍道路，备好酒宴，请来乐队，到三十里外迎接。到了家中，妻子低声下气地小心服侍他。他的嫂嫂则匍匐在地长跪谢罪。苏秦笑着说："嫂嫂，你怎么前倨（jù）而后卑（以前倨傲而现在卑躬屈膝）？"嫂嫂说："因为叔叔现在地位尊贵，又有很多黄金啊！"

故事出自《战国策·秦策一》。《史记·苏秦列传》引用这个故事作"前倨而后恭"。恭：恭敬的意思。后用"前倨后恭"表示待人原先傲慢，后来恭顺。

洛阳纸贵

西晋的文学家左思在写作《三都赋》时，为了将魏、蜀、吴三国都城的壮丽景色描摹一番，一有机会，就向去过三个都城的人们请教那里的山川风景。他还请求担任掌管经籍（jí）图书的秘书郎一职，因而得以接触很多的文献资料。在他家里，到处都放着纸笔，他偶尔想到一句话，便赶紧随手记下来，连上厕所也是如此。就这样整整过了十年，《三都赋》才得以完成。

但那个时候，左思没什么名气，《三都赋》也没什么人知晓推崇。于是，他主动找到当世名人皇甫谧（mì）、张载、刘逵（kuí）等人，请求推荐。皇甫谧读完之后，大加赞赏，欣然作序。张载为其中的《魏都》做注释，刘逵为《吴都》《蜀都》做注释，并赞赏说：“班固的《两都赋》内容胜过文辞，张衡的《二京赋》文辞胜过内容，而《三都赋》的文辞和内容达到完美的统一，十分精致。”博学多才的大臣张华在读了《三都赋》之后，也感叹说，左思是“班（固）张（衡）之流也”。

这样一来，左思名声大震。洛阳豪贵之家竞相传抄，一时竟使洛阳纸张空前紧张，纸张商人趁机抬高价钱，“洛阳为之纸贵”。

故事出自《晋书·左思传》。后用“洛阳纸贵”称誉著作风行一时，流传很广。

退避三舍

春秋时候，晋献公的宠妾骊姬为了让自己的儿子奚齐继承王位，逼死了太子申生，又迫使公子重耳和夷吾流亡他国。后来，夷吾回国夺取了君位，也担心重耳会威胁到他，便派出刺客取其性命。重耳侥幸逃脱了。

重耳流亡到卫国，没有得到一丝一毫的援助。后来，重耳逃到齐国，受到了不错的待遇。又逃到曹国，曹共公早听说重耳生理缺陷，竟然在他沐浴之时，在窗帘外偷窥（kuī）。重耳在宋国安顿了几天，又逃到了郑国，郑文公却拒绝接待他。就这样，重耳一路风餐露宿，颠簸（diānbǒ）流离，来到了楚国。

楚成王早就听说重耳的贤明，亲自到郊外迎接，然后安排他们一行在最好的宾馆住下，三日一小宴五日一大宴地款待他。有一日，楚成王在宴会时问重耳道："公子若能返回晋国，将要拿什么回报我呢？"

重耳说："如果有一天我回到晋国当上国君，万一晋楚之间发生战争，双方士兵在中原相遇，我一定命令士兵避君三舍（行军三十里为一舍，三舍为九十里），以报答您今天的盛情款待。"

后来，重耳果然回到晋国当上了国君。当晋楚两军发生战争时，重耳遵守诺言，命令士兵主动后撤了九十里地。

故事出自《左传·僖公二十三年》。"退避三舍"与"避君三舍"同义。比喻主动退让和回避，以避免发生冲突。

唇亡齿寒

春秋时候，晋国国君晋献公想要吞并虢（guó）国和虞（yú）国，扩大自己的地盘。大夫荀（xún）息说："虢国和虞国土地相连，如果我们的军队能通过虞国直奔虢国，那就很容易取胜了。"晋献公很纳闷，说："虞国怎么会让我们的军队通过呢？"荀息说："虞国国君喜爱金银财宝，我们只要送上足够的美玉良马，他应该就会让我军借道通过的。"

于是，晋国派人给虞国国君送上了大批的金银财宝、美玉良马，请求借道伐虢。虞国国君得到这么多财宝，立马喜笑颜开。而虞国大臣宫之奇则看穿了晋国的图谋，劝谏说："虞国和虢国的关系，就像牙齿和嘴唇一样。俗话说，唇亡齿寒。虢国灭亡了，我们也就遭殃了。"虞国国君哪里听得进去，一口答应晋国借道伐虢的请求。宫之奇见虞国国君不听自己的建议，便赶紧带着全族人口离开了虞国。

晋军浩浩荡荡地经过虞国国土，一下子逼近虢国的都城，虢国很快灭亡了。晋国一不做二不休，又调过马头，连夜向虞国冲杀而来，乘其不备，一举攻克了虞都，活捉了虞国国君。金银财宝、美玉良马又回到了晋国，虞国国君却成了囚犯。

故事出自《左传·僖公五年》。后用"唇亡齿寒"比喻利害关系十分密切。

破釜沉舟

秦朝末年，陈胜吴广揭竿起义，掀起了全国范围内反抗暴秦的战斗，随后，项羽、刘邦等纷纷起兵响应，壮大了起义军的力量。但百足之虫死而不僵，秦国仍有大量军队，其中最强的是秦将章邯（hán）带领的三十万大军。

有一次，章邯攻打当时自称赵王的赵歇，赵军无力抵抗，只好退到巨鹿（今河北邢台）固守，并派出使者四处求救。当时的楚怀王接到求援书信，便以宋义为上将军，项羽、范增等为副将率军北上救援。但宋义是一个胆小怕事的人，根本就没想去和秦军拼命，而是整天在军帐中饮酒作乐。项羽再三请战，宋义一再反对。项羽火爆脾气上来，一刀砍下了宋义的脑袋，自命为上将军，率兵出战。

楚军兵马粮草一渡过黄河，项羽便下令把全部战船统统凿（záo）沉，每个将士只带三天的干粮。接着，他又命令部下将烧水做饭的锅子、瓦罐统统砸个稀巴烂。然后，他鼓动将士说："剩下的干粮不多了，退路也已断绝。我们只有消灭章邯的部队，才能脱离困境，取得最后胜利。"

果然，楚军士气高涨，精兵强将如猛虎扑羊一般，把秦军杀得溃（kuì）不成军。

故事出自《史记·项羽本纪》。釜：军锅等炊具。后用"破釜沉舟"比喻下定决一死战的决心。

破镜重圆

公元589年，隋军大举南下，陈国危在旦夕。陈国的太子舍人徐德言与陈后主的妹妹乐昌公主夫妻情深，料想敌军侵入，必会离散，徐德言便拿出一面铜镜一劈两半，说："你才貌出众，定会被大官贵戚看中。如果真有这一天，你就在明年正月十五那天将半边铜镜拿去都城集市上卖。如果我还活着，那天就赶去都城，通过铜镜打探你的消息。"

陈国灭亡后，徐德言来到隋朝的都城大兴（今陕西西安），于正月十五日在集市上来回寻访。这时，他看见一个奴仆举着半块铜镜正在叫卖，因出价奇高，引来旁人哄笑。徐德言欣喜不已，赶紧将奴仆请到自己家里，取出自己的半块铜镜与之相合。奴仆细看铜镜完全吻合，便把乐昌公主如何被掳入越国公杨素府中等事一一详告。

徐德言料想见面无望，便写诗道："镜与人俱去，镜归人不归。无复嫦娥影，空留明月辉。"奴仆将诗带回给乐昌公主。乐昌公主读完，声泪俱下，连饭也不想吃了。这事惊动了杨素。问明情况后，他派人把徐德言叫来，将乐昌公主还给他，并赠以厚礼，设宴送别。

故事出自唐·孟启《本事诗·情感》。后用"破镜重圆"比喻夫妻失散或离异后重又团聚或和好。

代人捉刀

东汉末期，曹操掌握了朝政大权，被加封为魏王。不久，匈奴派出使者，要求拜见曹操。曹操觉得自己身材短小，站在人高马大的匈奴人面前，肯定有损国威，便决定找崔琰（yǎn）代替自己。

崔琰，字季珪。此人身材高大，眉目疏朗，长相英俊不凡，说话的声音也特别洪亮，给人的感觉是威严而有风度。接见匈奴使者那天，崔琰穿上曹操的官服，正襟危坐。曹操则换上一般侍卫的服饰，拿着大刀立在一旁。

接见之后，曹操当然关心这位使者对汉朝丞相魏王的“第一印象”了。好在匈奴使者身旁有汉朝的细作（即间谍），取得消息不算难事。那细作闲聊一样问使者：“您觉得汉朝的丞相魏王怎么样？”匈奴使者笑着说：“魏王容貌气度非常高雅，不同常人。然而站在坐榻旁边捉刀而立的人，倒是个真英雄！”

消息很快传到曹操的耳朵里。曹操大吃一惊：匈奴使者识见非凡，没有被迷惑，可见是个了不起的人物，回去匈奴肯定会受到重用，于己不利。

于是，曹操派人追过去，将匈奴使者杀掉了。

故事出自南朝宋·刘义庆《世说新语·容止》。后用“捉刀”指代别人作文。

胸有成竹

北宋著名画家文同，字与可。他尤其擅长画竹子，画作非常生动形象，深受人们喜爱。

文同家的宅院里栽满了青翠的竹子，不论刮风下雨，他每天都要去竹林里仔细观察竹子的形态和生长规律，琢磨研究竹子在不同的时间和气候条件下表现出的细微变化。每当有些灵感，他便匆匆回到书房，挥起画笔，在预先准备好的纸上信手作画。转眼之间，在他的手下出现了一片片竹子，或浓密、或疏淡，飘逸潇洒、生动传神，仿佛可以听见微风吹动竹叶发出的飒飒声。

许多人向他讨教画竹的独门秘诀。文同回答说："这是因为我总是勤于观察竹子，到了非常熟悉的地步。每当我要画竹子的时候，竹子的完整形象便在我心中浮现出来，我赶紧挥笔，依照心中所想的竹子的模样，再画到纸上。稍一迟疑，灵感就可能逝去了。"文同的话说得简单，却道出了艺术创作的规律。当时，文同的好朋友、文学家晁（cháo）补之写过这样两句诗："与可（文同）画竹时，胸中有成竹。"

故事出自宋·苏轼《文与可画筼筜（yúndāng）谷偃（yǎn）竹记》、宋·晁补之《赠文潜甥杨克一学文与可画竹求诗》。后用"胸有成竹"比喻处理事情之前已经有了完整的计划和打算。

狼狈为奸

从前，山林间住了很多狼，它们常常成群结队行动，袭击过往的飞禽走兽甚至行人。除了凶狠的狼之外，山林间还生活着狈。它的模样和狼非常相似，只是前腿很短，没法单独走动，只好把前腿搭在狼的身上，依靠狼一起行走。狼和狈一个善于奔走袭击，一个善于出点子，耍弄诡（guǐ）计，常常一道干坏事。

有一天，一个商人从山林间经过，忽然听见前面传来凄厉的嚎叫，便意识到狼群来了。果然，狼群也发现了他，商人慌了，见路口有个草垛，便噌噌几下爬上垛顶。黑压压的狼群从四面包抄上来，一面围着草垛转，一面发出令人心惊胆战的嗥（áo）声。不一会儿，两只头狼离开了，商人长嘘了一口气，以为狼群会慢慢散去。

等了好一会儿，狼群非但没有散去，那两只头狼也回来了，背上还背着两条狈，一前一后朝草垛走来。那狈随着狼在草垛四周走了一圈，随即一探头，把露在草垛外的一捆草，像鸡啄米似地一口叼了出来。立刻，狼群拥上来，跟着一口口把草捆叼出来。草垛像被拆掉墙脚一般，眼看要倾覆。商人趴在垛顶上拼命呼救。叫声惊动了几位猎户，他们闻声赶来，这才将狼狈吓跑。

故事出自唐·段成式《酉阳杂俎（zǔ）·广动植》。后用“狼狈为奸”比喻坏人相互勾结干坏事。

高山流水

春秋时期的俞伯牙，非常善于弹琴。他听说成连先生是著名琴师，便登门拜访求教。三年的时间很快就过去了，成连先生说：“你苦学三年，现在已经大有所成，琴艺若再要提高，便需要投身大自然，与其浑然一体，那就不是我能教你的了！”

此后，俞伯牙整日在大自然中流连，有一次，他来到大山之巅，凝望着四周蜿蜒（wānyán）起伏的崇山峻岭，顿觉心旷神怡，思绪万千，便架起琴来弹奏。只听见阵阵激昂悦耳的琴声从指间流出，直冲云霄。一曲终了，俞伯牙耳边传来一个爽朗的声音：“巍峨参差（cēncī），就像雄伟的泰山啊！”他转身一看，见一个年轻的樵夫正从山路上走过来。

俞伯牙没理他，继续弹起琴来。这次，他闭目凝神，心里默想着江水滔滔、奔流不息的场面，指间琴声厚重宽广，如江水般源源不绝，雄浑有力。一曲奏完，樵夫鼓起掌来，说：“这琴声宛如奔腾不息的江河。”俞伯牙大惊：他能懂我的琴声，真是我的知音啊！于是向前请教姓名，原来那个年轻的樵夫名叫钟子期。就这样，两人成了好朋友。

后来，钟子期死了，俞伯牙想世间再也没有这样的知音了，弹琴也没什么意义了。他便砸了自己的琴，从此不再弹琴了。

故事出自《列子·汤问》。后用“高山流水”比喻知音或知己，也比喻乐曲高深。

病入膏肓

春秋时候，晋国国君晋景公病得很重，便派人去秦国请名医医缓。

景公在昏睡中忽然看见两个小孩子在眼前跳来跳去，他意识到这是病魔的化身，便紧张地关注这两个小孩的一举一动。只见其中一个说道："哥哥，明天秦国的医缓来了，我们可能就没命了啊！怎么办？"另一个显出十分轻松的样子说："弟弟不用着急，我知道有个绝对安全的地方。人的心尖脂肪叫膏（gāo），胸腔内的横膈膜叫作肓（huāng），我们只要躲在膏和肓之间这个任何药力都达不到的地方，就是十个医缓来又怎么样呢？"这时，景公醒了过来，这才知道自己做了个梦。

天亮后不久，医缓就到了晋国宫中。他走近晋景公，仔细地看了看他的脸色，摸了摸他的脉（mài）象，吃惊地说："恕我直言，君王您的病已经在肓的上面，膏的下面，这个地方，针灸（jiǔ）不行，药力也达不到，已经无法可想了。"晋景公点点头，说："你真是一位良医。寡人也已经知道了自己的病情。"

故事出自《左传·成公十年》。后用"病入膏肓"指病情严重，不可救治，也比喻事情严重到了无法挽救的地步。

家徒四壁

西汉著名的文学家司马相如年轻时家中非常穷，仕途也很不得意。他的好朋友，临邛（qióng）县令王吉看到他贫困潦（liáo）倒的样子，便主动对他说：“你现在仕途不顺，还是到我这里来吧。”司马相如非常感激地在临邛都亭安顿下来。王吉对他非常恭敬，三天两头就要来拜访他，周围的人也因为他是县令的贵客而对他礼貌有加。

有一次，临邛有名的富豪卓王孙来邀司马相如赴宴。席间，满座宾客见司马相如谈笑风生，举止潇洒，都自惭不如。卓王孙也不得不惊叹：“果然才貌出众，名不虚传。”卓王孙的女儿卓文君也偷偷躲在屏风后面观看，心中称奇。

酒过三巡，王吉请司马相如奏琴献艺，司马相如欣然从命，弹了一首《凤求凰》的乐曲。乐曲抒发了对佳人的爱慕之情。卓文君听了十分动情，立刻领会了司马相如的心，便不顾父亲卓王孙的反对，与司马相如私奔，结为夫妻。

司马相如带着卓文君离开临邛返回成都。走进家门，卓文君发现丈夫“家徒四壁”，只有四面墙壁冷落地立着，别的什么也没有，但她一点儿也不嫌弃，愿意和他同甘共苦一起生活。

故事出自《汉书·司马相如传》。后用“家徒四壁”形容十分贫寒，一无所有。

请君入瓮

唐朝的女皇帝武则天为了维护自己的统治，起用了一批心狠手辣的酷吏。其中最有名的是来俊臣和周兴。犯人们一听到这两个的名字，就吓得浑身发抖。

有一次，武则天接到一封告密信件，信中说周兴参与一起造反事件，企图推翻女皇的统治。武则天闻讯大怒，派来俊臣办理此案。

来俊臣先派人请周兴到他家来喝酒叙谈。周兴不知是圈套，欣然来到来俊臣的家里。两人坐下来边喝边谈。酒喝到一半，来俊臣问周兴：“我这里有几个犯人死不招供，什么刑都用过了，就是没办法，今天特向老兄讨教！”周兴说：“这很容易，拿一只大瓮（wèng），放在火堆上，火烧得旺些，然后叫犯人站在瓮中，你再问他招不招！”

来俊臣拍着手说：“好办法！快拿大瓮来！”说罢，侍从们抬来一只大瓮，在瓮底燃起干柴，把瓮烧得滚烫滚烫。这时，来俊臣突然把脸一沉，指着大瓮对周兴喝道：“皇上有令，叫我审讯你图谋造反的事，请君入瓮吧！”周兴听了大吃一惊。两腿一软，跪倒在地上，连连磕头认罪。

故事出自唐·张鷟《朝野佥载》。后用“请君入瓮”比喻以其人之道，还治其人之身，也就是用一个人对付别人的办法来对付他自己。

黄粱美梦

从前，有个读书人卢生总是不得志。有一天，他路过邯郸，住在一间客栈里。客栈里原来住的一个老人吕翁跟他很谈得来，于是卢生就把自己的种种遭遇说了个遍。吕翁从行李中拿了个枕头给他，说："店主的黄粱米饭才刚刚煮上。你先枕着这个枕头睡一下吧。"卢生接过枕头，一躺下去就做起梦来。

在梦里，他先是娶了名门望族清河崔氏家一位高贵而美丽的小姐。第二年，他考中进士，步步高升。在陕西当官的时候，他组织民工，凿河八十里，给当地水利交通带来了极大的便利，当地人刻石立碑纪念他的功德。边关告急，皇帝任命他为河西节度使，他率领军队大破敌军。回朝廷后，又升为户部尚书兼御史大夫。之后，他几经沉浮，最后，皇帝让他当宰相，并封他为燕国公，十分恩宠。卢妻生了五个儿子，个个聪明，并且都当了官，还都娶了名门望族之女为妻，养了十来个孙子。卢生当官五十余年，到了晚年，良田、住宅、美人、名马，不可胜数。直到八十多岁，他身患重病，终于在某一天，两腿一伸，呜呼哀哉了。

就在这时，卢生伸了个懒腰，醒了，才发现原来只是做了一场梦。再一看，主人煮的黄粱米饭还没熟呢！

故事出自唐·沈既济《枕中记》。后用"黄粱美梦"、"一枕黄粱"、"黄粱梦"、"邯郸梦"等比喻非分的欲望。

掩耳盗铃

春秋时候，晋国的贵族范氏因被仇家追杀，逃到齐国去了。偌大的家院只剩下残垣（yuán）断壁。

一个小偷偶尔经过这里，发现空落落的庭院里还留下一口巨大的钟。他想，要是把这口大钟拿去卖掉，一定能换得不少钱财。

于是，小偷趁着夜深人静的时候又偷偷溜进范氏家院里。他先是抬了抬大钟，发现钟实在是太重，一个人怎么也搬不动。小偷想到了一个主意：我何不把大钟敲碎呢，拿着碎片也照样能卖钱。

于是，小偷找来一把大锤子，狠狠地朝大钟砸去，“哐——”那钟发出的巨响，差一点把他自己的耳朵也震聋了。小偷心想：这样砸钟，周围人都会听见，那就不好办了。他便找了些树叶塞住自己的耳朵，再抡起锤子朝大钟砸去，果然，声音小了很多。小偷得意地将耳朵塞得更严实，他想：“这样，别人也听不到钟声了！”他以为自己听不到，别人也就听不到了。没过多久，周围的人都被钟声惊醒，一举抓住了小偷。

故事出自《吕氏春秋·自知》。古代铃和钟都是乐器。“掩耳盗铃”与“掩耳盗钟”同义，用以比喻自欺欺人。

偃旗息鼓

东汉末期，刘备与曹操争夺汉中（今陕西）。战前，曹操将大批军粮运往北山脚下。得知这一消息后，刘备手下的赵云和黄忠便打定主意要去劫粮。两人约定，黄忠去劫粮，要是过了约定时间还没回来，再由赵云前去接应。

赵云在军营中待命，与黄忠约定的时间过了，还不见他们回来。赵云便带领少数骑兵前去接应，不料半路上正遇上曹操大军。赵云武艺高强，手下的骑兵也都久经战阵，武艺高超，但曹军人数占据优势，不一会儿就将赵云团团围住。赵云和手下骑兵迅速左冲右突，杀出包围圈奔回大营。

待曹操大军行进到赵云大营前时，却大吃一惊：只见赵云大营营门大开，里面的旗帜都被放倒了，安安静静没有一点声音。大营门口，赵云单枪匹马，镇定自若。曹操略加思量，便觉有诈，赶紧下令大军后撤。就在这时，赵云营中鼓声如雷震天，飞箭像雨点一样从大营和两旁山上射向曹军。曹军将士惊恐万状，自相践踏，死伤无数，大败而逃。

故事出自《三国志·蜀志·赵云传》裴松之注引《赵云别传》。“偃旗息鼓”原指不暴露目标或停止战斗，后引申指事情停止进行或销声匿迹。

望梅止渴

有一年夏天，曹操率领大军去讨伐张绣。那天，天空万里无云，骄阳似火。将士们一路行军，被晒得大汗淋漓，口干舌燥。偏偏这一路上只有沙石，根本找不到水源。就这样，队伍行进越来越慢，许多人都走不动了。

曹操见整个部队松松垮垮，毫无斗志，很是着急，但距离最近的水源也还有好一段距离。他看了看前边的树林，沉思了一会儿：现在下命令强制要求大家加快速度也无济于事，在没有水源的情况下，还有什么办法能暂时激励大家的意志继续赶路呢？忽然，他灵机一动，快速赶到队伍前面，用马鞭指着前方说：“我知道前面有一大片梅林，那里的梅子又酸又甜，又大又好吃，我们快点赶路，绕过这个山丘就到梅林了！”

士兵们一听说又酸又甜又大又好吃的梅子，顿时流出了口水，好像真的尝到了梅子，又清口又解渴！于是，大家不等发出号令，就主动排好队伍迈着大步继续赶路了。他们一边行军，一边想象着马上可以吃到止渴开胃的酸梅，身上都来了劲，脚下的步子愈迈愈大……

故事出自南朝宋·刘义庆《世说新语·假谲（jué）》。后用“望梅止渴”比喻以空想来宽慰自己。

鸿雁传书

汉武帝时，中郎将苏武受命出使匈奴，却被匈奴君主单于（chányú）扣留不放。单于用尽各种手段迫使苏武投降，苏武却不为所动。单于很生气，就把苏武流放到最偏远的北海（今俄罗斯贝加尔湖）畔，还交给他一群公羊，说："等这些公羊生下了小羊，你就可以回到汉朝去了。"

又过了多年，匈奴和汉朝的形势发生了变化。汉朝重新派遣使节前往匈奴，并要求匈奴放回苏武等人，匈奴方面回复说，苏武早就死了。这时一个当年跟随苏武出使的人悄悄找到汉使说："苏武没死，但是匈奴不肯放人，咱们可以试一下这种办法。"他向汉使说了自己的主意，汉使听了连连点头。

第二天，汉使去见单于，对他说："汉朝天子在上林苑中射猎，得到一只鸿雁，鸿雁脚上绑着一封帛（bó）书，上面写着苏武等人在某荒野湖泽之处，而贵国却说苏武已经死了，这究竟是怎么回事？"单于听了，大吃一惊，便向汉使道歉说："苏武等人确实还在，既然汉天子要他们回去，我们送还就是。"

苏武被匈奴困住了十九年，到此时方得返回家园。他出使时身强力壮，回汉朝时已经满头白发了。

故事出自《汉书·苏武传》。后用"鸿雁"借指信使。用"鸿雁传书"指书信往来。

梁上君子

汉朝的陈寔（shí）在乡里的时候，有一年年成非常不好，大家的日子都过得很艰难。于是就有人打起了坏主意，时不时去别人家里偷点东西。这一天，有小偷溜进了陈家，在房梁上发出窸（xī）窸窣（sū）窣的声音。陈寔听到了，便叫妻子把儿子、孙子统统带到床边。妻子说："什么话不能等到明天说，非得深更半夜把孩子们叫醒？"他说："明天说不如现在说有意思。你快去叫吧。"

等到家里人都在他的房间里聚齐了，陈寔很严肃地说："人不可以不自我勉励。不善良的人不一定本性是坏的，坏的习惯往往是由于不注意自己的品德修养而形成的。"儿子孙子们听得一头雾水，不明所以，只听陈寔又说："沾上了恶习又不肯改，才会到梁上君子这样的地步。"他一边说，一边指着房梁上的人。

梁上的小偷见被发现了，马上翻身下来，跪在众人面前认罪求饶，表示从今以后一定痛改前非，重新做人。陈寔对他说："看你的长相，也不像个坏人，应该深自克制，返回正道。"考虑到小偷的行为应当是由贫困所致，陈寔还送给小偷两匹绢，让他还钱度日。

故事出自《后汉书·陈寔传》。后来人们就把盗贼称为"梁上君子"。

朝三暮四

从前，宋国有个老头，非常喜欢猴子，在家里养了一大群猴子。于是，大家都管老头叫“狙（jū）公”（就是“猴公公”的意思）。

狙公养了这样一大群猴子，家里的粮食消耗得很快，但是他心疼猴子，经常自己少吃点，也要让猴子们吃得饱饱的。没过多久，粮食还是出现了匮（kuì）乏的迹象，狙公不得不限制猴子们的粮食，以橡实加以补充。后来橡实也不多了，怎样才能让猴子在缺少粮食的状况下还是像以前一样驯服呢？狙公又开始想起办法来，想了好些日子，心中终于有了主意。

这天，狙公将猴子们聚到一起，说：“我分橡实给你们吃，每天早上发三颗，下午发四颗，你们觉得怎么样？”听了这话，猴子们都左奔右跳，龇牙咧嘴，做出愤怒的样子。狙公心里明白了，猴子们一点也不满意，在发脾气呢！于是又和颜悦色地说：“那就改一改，每天早上吃四颗，每天下午吃三颗，够吗？”猴子们一听，哟，原来早上比晚上少一颗，现在早上比晚上多了一颗，真划算！于是，猴子们一个个手舞足蹈，朝着狙公撒起欢儿来。

故事出自《庄子·齐物论》。后用“朝三暮四”形容变来变去，反复无常。

嗟来之食

春秋时期，有一年齐国发生了严重的饥荒，不少人都活活饿死了。齐国的贵族黔敖看到这种情形，便带着奴仆，在路边支起两口大锅，不断地烧饭熬汤。看见有饥民走过来，黔敖就招呼他们吃饭喝汤。饥民们吃过之后，对黔敖千恩万谢，连黔敖自己也被感动了："幸亏有我，大家才能得救啊！"脸上忍不住流露出得意之色。

这时，马路边走过来一个衣衫褴褛（lánlǚ）的饥民。他一只手拄着拐杖，一只手抬起破旧的衣袖遮住自己脸。黔敖看他走过来，便居高临下地说："嗟！来食！（喂！过来吃吧！）"那人冷冷地对黔敖说："我就是因为不吃嗟来之食，才饿到这种地步的！"说罢，头也不回地向前走去。

黔敖吃了一惊，过了一会儿才意识到自己的失礼，于是赶紧追上去对那人说："先生，请留步！刚才有所失礼，还望见谅！这些简单的饭菜，也算是我的一点心意，请您食用吧！"但那人似乎什么也没听见，依然头也不回地向前走去。黔敖呆呆地停住脚步，心中惆怅（chóuchàng）不已。

故事出自《礼记·檀弓下》。后用"嗟来之食"比喻带有轻蔑、侮辱性的施舍。

道听途说

从前，山里住着一户人家，虽说田地就在家门口，但是水源却隔得很远。每天，家人们都要辛辛苦苦地跑到山外去挑水，觉得很是不方便，便请工匠在离家很近的地方打了一眼井。从此，吃水用水不用愁了，既省事又省时。家里的老头逢人就说："这口井打得好啊，我家里从此就省了一个劳力，可以干更多的活了！"

这家人打井的事和老头的话，立刻像风似的传开了。张三跑到李四门前说："我刚才听别人说，那家老头自己打了一眼井，从此省了一个人呢！"李四又跑到王二麻子家去说："我刚才听说，那山里的老头，打了一口井，不小心挖出一个人来呢！"王二麻子听了大吃一惊，挨家挨户去说："我刚才听说，老头家的儿子打井的时候掉到井里，没等爬上来，就让落下去的石头给砸（zá）得脑袋开花。第二天，尸体就不见了，挖下去再也没找见呢。"说得活灵活现，好像他亲眼见到了似的。

这话一传十，十传百，一直传到宋国国君的耳朵里。他不相信，便派人去打听，从老头父子俩嘴里，才弄清事情的真相。传闻和事实相去甚远，都是道听途说的缘故！

故事出自《吕氏春秋·察传》。"道听途说"指在路上胡乱听来，又在路上胡乱传播。指没有根据的传闻。

愚公移山

太行、王屋两座大山方圆七百里，本来在冀州南边，河阳的北面。山里住着一位北山愚公，年纪将近九十岁了，大半辈子都在这两座山里头绕来绕去，觉得出行很不方便。于是就召集家人商量说：“我们一起努力，将这两座山挖平吧。”家里人纷纷表示同意。

于是愚公领着儿子、孙子一起凿开山石，铲下泥土，装进箩筐，然后挑到渤海边上。他家的邻居是一位寡妇，有一个刚刚换牙的小儿子，也帮着一起装运泥土。转眼之间，他们已经干了整整一年。

河曲智叟（sǒu）听说这件事情，特地跑过来劝阻说：“你们也真是太笨了。这么老的人，连大山的毫毛都搬不动，何况是整整两座大山呢！”愚公说：“你呀，简直可以说是顽固不化，连寡妇和她的小孩子都不如！我年纪大有什么关系呢？我死了以后有儿子，儿子死了又有孙子，子子孙孙是没有穷尽的。这两座山虽然很高，但却不会再增高了，只要一点一点地挖下去，何愁挖不平呢！”

山神听到了愚公的这番话，大吃一惊，急忙把这件事报告天帝。天帝听了，十分感动。于是，他派大力神夸娥氏的两个儿子来到人间，把这两座山搬到别处去了。

故事出自《列子·汤问》。后用“愚公移山”比喻不畏艰难险阻，有坚忍不拔的毅力。

暗渡陈仓

秦王朝被推翻之后，项羽控制了全国大局。他自封为西楚霸王，将刘邦封为汉王，管辖（xiá）偏远的汉中和巴蜀一带，又命秦朝降将章邯等在关中镇守，防止刘邦再入中原。

刘邦当然知道封地既贫困又偏远，也知道项羽想抑制他的势力，于是，在带领全军将士进发汉中后，他派人将进出汉中的唯一一条栈（zhàn）道拆除烧毁，让人以为他不想再回关中了。

经过短暂的休养生息之后，刘邦任用韩信为大将，日夜操练，为进关作准备。同时又派民工去修栈道。驻守在离汉中最近的雍王章邯等听说刘邦在修栈道，不由得仰天大笑："没有个三年五载（zǎi）别想修成！"根本不把这事放在心上。

时隔不久，章邯得到探马报告说，韩信率领十万大军已经快到关中啦！他不由得大吃一惊："栈道不是还没修好吗？"原来，刘邦派人"明修栈道"，是故意吸引章邯的注意力，暗中却派韩信率领大军从小路直抵陈仓，等章邯带兵赶往陈仓堵截，韩信早已据领有利地势，才一交锋，就把章邯的兵马打得落花流水。

故事出自《史记·高祖本纪》。"暗渡陈仓"，是古代军事史上一次有名的战争。后用来比喻制造假象迷惑（huò）敌人，暗中另出奇谋，达到目的。

锦囊妙计

三国时候，刘备向孙权借了荆州，谁知一借不还，让孙权很是生气。东吴大将周瑜献计说：“不如假意将您的妹妹许配给刘备，骗他过来，然后趁机囚禁，换取荆州。”刘备受邀后犹豫不决，诸葛亮却主张前往，并在刘备临行前交给大将赵云三个锦囊（náng），说：“只需依计行事，便可保主公平安。”

刘备坐船到达东吴，赵云拆开第一个锦囊。看了之后，赵云叫随从士兵大张旗鼓地采买聘礼，到处张扬说孙权要将妹妹嫁给刘备。一时间，整个东吴都知道了这件事。孙权的母亲吴国太先是大吃一惊，后见刘备一表人才，便高高兴兴地将女儿嫁给了刘备。孙权吃了个哑巴亏。

周瑜又向孙权献计说：“不如为刘备多送美女和可供玩乐的东西，将刘备困在东吴。”孙权依计行事。刘备果然沉迷声色，再也不想回去。这时，赵云拆开第二个锦囊，看了之后，慌忙去见刘备，说曹操要报赤壁之仇，正率领五十万精兵杀奔荆州。刘备大惊，夫妻俩赶紧起程回荆州。

孙权得知刘备逃走，急忙通知沿路加强守备，阻截他们。这时，赵云打开了第三个锦囊。锦囊中说，可以请孙权的妹妹出面解决。果然，孙权的妹妹谁也不敢得罪，东吴的守关将领只好放他们离开。

就这样，凭借诸葛亮的锦囊妙计，刘备等人顺利地回到了荆州。

故事出自《三国演义》。后用“锦囊妙计”比喻尚未公开的解决问题的好办法。

滥竽充数

从前，齐国有个南郭先生。有一天，他无意中听到齐宣王因为爱好音乐，府中养了三百多个吹竽的乐手。每次想听音乐的时候，总是召集三百来人一起吹奏。南郭先生觉得有机可乘，于是便抱着一只竽跑到齐宣王面前吹嘘（xū）说："我特别擅长吹竽，功夫不比这里的任何一位差。"齐宣王听了很高兴，就收下了他，按照其他人同样的待遇给他。每次吹竽的时候，南郭先生就混在人群中，一边摇头晃脑，一边装模作样摆出一副吹奏的样子，骗过了齐宣王。他十分得意，暗暗寻思道："不会吹不碍事，只要混在有本领的人中间，自然有好日子过！"

不几年时间，齐宣王死了，他的儿子齐湣（mǐn）王继位，他也非常喜欢听人吹竽。不过，与齐宣王不同的是，齐湣王觉得三百多人吹竽太吵，要求大家一个一个在他面前吹。于是，所有乐师都在辛勤训练时，南郭先生慌了——他根本就不会吹竽！想来想去，没什么办法，他只好找个机会偷偷地溜了。

故事出自《韩非子·内储说上》。滥：不真实。充数：凑数。后用"滥竽充数"比喻没有本领的人冒充有本领，也比喻以次充好。

精卫填海

上古时候，炎帝有一个女儿名叫女娃。女娃生性好动，极爱爬山玩水之类的游戏，常趁父亲炎帝不在家的时候溜出去玩耍。

有一次，女娃照常跑去海边玩耍，正当她在海面上游泳的时候，忽然狂风大作，海面上波涛汹涌，可怜的女娃根本来不及游回岸边，便被滔天巨浪无情地吞没了。

女娃死后，精魂不散，化作一只小鸟。这只小鸟长得有点像乌鸦，头上缀（zhuì）着花纹，白白的尖喙（huì），红红的爪子。它发出的“精卫、精卫”的啼鸣，又凄楚又哀婉，好像在倾诉自己屈死在东海的不幸。人们就叫它“精卫”。她怀着一股劲儿，每天从西山之上衔（xián）来石子和树枝，不断地扔进海里。原来，她始终记着自己的不幸，痛恨大海的无情，希望用这种方式有朝一日将大海填平。就这样，冬去春来，星转斗移 ，精卫不畏严寒和酷暑，天天劳作，从不间断。

故事出自《山海经·北山经》。后用“精卫填海”比喻不达目的誓不罢休的精神。

黔驴技穷

很久很久以前，贵州周边地区都没有驴。有一年，几个商人用船装了几头驴运进贵州，却发现派不上什么用场，就随便找了个山林放了。

有一天，一只老虎从山上下来喝水，忽然发现了这头驴。见这东西体型庞大，像马，又不是马，从来没有见过，老虎感到有些害怕，连水也不敢喝，藏在树叶后面偷偷地窥探。忽然，那头驴竖起鬣（liè）毛，昂着头仰天咴咴吼叫起来。老虎吓了一跳，以为驴要冲上来吃了自己，大为恐惧，立即逃之夭夭。

连着几天，老虎都在旁边偷偷地观察，觉得驴也没有什么异常的本领。听惯了驴的叫声，也就没那么害怕了。于是，老虎一点儿一点儿地靠近驴，时常在驴的眼前晃悠，只见驴低头吃草，并没有伤害它的意思。一来二去，老虎的胆子更大了，它试探着靠近驴，不断地骚扰、碰撞、冒犯它。驴非常生气，就用蹄子去踢老虎。老虎得意地想：原来长着这么庞大的身躯，却也没什么本事，只不过会蹬两下腿罢了。

于是老虎大吼一声，朝驴扑过去，一口咬断了驴的喉管，吃光了驴肉方才离开。

故事出自唐·柳宗元《三戒·黔之驴》。后用“黔驴技穷”比喻有限的一点儿本领已经用完，再也没有新招。

涸辙之鲋

战国时期的思想家和哲学家庄周（即庄子）着意隐居，交游又不广，所以家里很贫穷，有时都到了没饭吃的地步。

有一次，他到监河侯那里去借粮米。监河侯为人很小气，但又很好面子，既不想借给庄子，又不想直接拒绝，于是他说："行啊，等我收了封地的税金，再借给你三百金，好不好？"

庄子气愤地板起脸说："我昨天在来的路上听到呼救的声音，那声音很是微弱无力，要仔细听才能听得到，我四处张望，终于看到了干涸（hé）的车辙（zhé）中有一条鲋（fù）鱼。我问它：'鲋鱼，是你在呼救吗？'鲋鱼回答说：'是我，是我，我是东海海神的臣子，你能给我一升半斗的水救我的命吗？'我说：'当然可以了，不过一升半斗的水哪够啊，我要去南方求见吴、越的国王，劝说他们开凿运河，为你引来西江的水，江水量足，那样你又可以自由自在地悠游了，你看怎么样？'鲋鱼没好气地说：'我失去了我不能离开的水，困在这里，只要一升半斗的水就可以活下去，你却要我等西江的水，那还不如趁早到卖干鱼的店铺去找我呢！'"

故事出自《庄子·外物》。涸：干枯。辙：车轮轧出的沟。鲋：鲫鱼。后用"涸辙之鲋"比喻处于极度困窘境地中急待救援的人。